道理学理哲理·党的创新理论研究阐释丛书

董振华 主编

理想信念

宋惠民 著

目 录

总序　活学活用习近平新时代中国特色社会主义思想
　　　活的灵魂　/　i

第一章　坚定理想信念的理论基础　/　1
　　一、马克思主义的真理精神和崇高价值　/　1
　　二、中华优秀传统文化的君子之道　/　10
　　三、马克思主义政党的建党学说　/　19

第二章　革命理想高于天　/　28
　　一、千千万万共产党人为了理想信念不惜抛头颅、
　　　　洒鲜血　/　28
　　二、坚定的理想信念砥砺着我们党坚毅前行　/　34
　　三、历史是最好的老师　/　41

第三章　理想信念是共产党人精神上的"钙"　/　49
　　一、坚定理想信念是防腐拒变的根本　/　50

二、坚定理想信念是加强党员质量建设的重要内容 / 57
三、坚定理想信念是巩固党的团结统一的基础 / 61
四、坚定的理想信念是践行初心使命的内在要求 / 69

第四章　理想信念的坚定来自思想理论的坚定 / 74
一、理想信念建立在科学理论的理性认同上 / 74
二、理想信念建立在历史规律的正确认识上 / 82
三、理想信念建立在基本国情的准确把握上 / 89

第五章　坚定马克思主义信仰 / 98
一、马克思主义具有真理的力量 / 98
二、马克思主义具有道义的力量 / 104
三、马克思主义具有实践的力量 / 110
四、马克思主义具有创新的力量 / 115

第六章　坚定共产主义远大理想 / 121
一、共产党人的最高理想是实现共产主义 / 122
二、实现共产主义需要一个相当漫长的历史过程 / 128
三、没有远大理想，不是合格的共产党员 / 135

第七章　坚定中国特色社会主义共同理想 / 142
一、中国特色社会主义不是从天上掉下来的 / 142
二、中国特色社会主义是社会主义而不是其他什么

主义 / 148

三、坚定道路自信、理论自信、制度自信和文化
自信 / 154

四、坚持和发展中国特色社会主义要一以贯之 / 158

第八章　青年的理想信念关乎国家未来 / 163

一、火热的青春，需要坚定的理想信念 / 163

二、青年要自觉践行社会主义核心价值观 / 170

三、青年要做新时代的奋斗者 / 176

第九章　在斗争实践中不断砥砺理想信念 / 184

一、在重大原则问题和大是大非面前必须立场
坚定 / 184

二、保持清醒的底线思维和居安思危的忧患意识 / 191

三、始终做好迎难而上的准备，发扬斗争精神，
坚定斗争意志 / 197

第十章　坚定理想信念的检验标准 / 204

一、革命战争年代的检验很直接 / 205

二、"四个能否"是和平建设时期检验理想信念的
客观标准 / 209

三、衡量干部是否有理想信念，关键看是否对党
忠诚 / 222

第十一章　坚定理想信念是终身课题　/ 226

　　一、解决好世界观、人生观、价值观这个"总开关"
　　　　问题　/ 226

　　二、坚持学而信、学而思、学而行　/ 233

　　三、思想上的灰尘要经常打扫　/ 238

　　四、用信仰之力开创美好未来　/ 245

后　记　/ 251

总　序
活学活用习近平新时代中国特色社会主义思想活的灵魂

党的二十大报告指出："马克思主义是我们立党立国、兴党兴国的根本指导思想。实践告诉我们，中国共产党为什么能，中国特色社会主义为什么好，归根到底是马克思主义行，是中国化时代化的马克思主义行。拥有马克思主义科学理论指导是我们党坚定信仰信念、把握历史主动的根本所在。"习近平新时代中国特色社会主义思想是当代中国马克思主义、21世纪马克思主义，是中华文化和中国精神的时代精华，实现了马克思主义中国化新的飞跃。用习近平新时代中国特色社会主义思想武装头脑、指导实践、推动工作，是做好一切工作的重要前提。学懂弄通做实习近平新时代中国特色社会主义思想，至关重要的是要系统掌握贯穿于这一科学理论中的世界观和方法论，用以指导解决改造客观世界和主观世界的实际问题，不断推进和拓展中国式现代化。

一、坚持格物致知，不仅要知其然，更要知其所以然

真学、真懂、真信、真用习近平新时代中国特色社会主义思想，不仅要知其然，更要知其所以然。这个"所以然"，最主要的就是习近平新时代中国特色社会主义思想所蕴含的马克思主义基本立场观点方法。如果不能够完整、系统、深刻地把握习近平新时代中国特色社会主义思想所蕴含的马克思主义立场观点方法，那么，我们就不能真正领悟21世纪马克思主义的精髓要义，也就不能够活学活用习近平新时代中国特色社会主义思想，并以此指导实践和推动工作。

作为当代中国马克思主义、21世纪马克思主义，习近平新时代中国特色社会主义思想既坚守了马克思主义的基本立场观点方法，与马克思列宁主义、毛泽东思想、邓小平理论、"三个代表"重要思想、科学发展观一脉相承，又坚持和运用马克思主义的立场观点方法观察时代、分析问题和解决问题，提出一系列治国理政新理念新思想新战略，实现了马克思主义中国化时代化新的飞跃。深入理解和把握习近平新时代中

国特色社会主义思想，不能浅尝辄止，必须坚持格物致知，做到知其然更知其所以然，既要搞清楚其一脉相承的"脉"，也要搞清楚其与时俱进的"进"。唯有如此，我们才可以从根本上把握好推进马克思主义中国化时代化的守正创新之道。马克思主义是非常朴实的道理，其核心价值追求就是人类解放，其基本内在逻辑就是唯物辩证法，其首要基本观点就是实践观点，三者共同统一于共产党人造福人民的伟大革命实践中。

马克思主义一脉相承的"脉"，是马克思主义唯物辩证法的逻辑和追求人类解放的价值在具体历史实践中的统一，是马克思主义具体历史形态和民族形态"万变不离其宗"的"道理"，也就是马克思主义的基本立场观点方法。与时俱进的"进"是针对具体时代课题，坚持马克思主义的基本立场观点方法，创造性地分析和解决具体问题得出的具体结论。这些具体结论虽然具有一定的历史性、民族性、条件性等具体适用性，但是其中的基本价值、内在逻辑和理论品格是一以贯之的，万变而不离其宗。如果离开这个"道理"，就是离经叛道，无论是打着创新或者发展的名义还是其他什么口号，实际上都是背离、背叛或者歪曲了马克思主义。

马克思主义从来都不是抽象的理论，而是具体的、鲜活的和发展的理论。习近平新时代中国特色社会主义思想，作为马克思主义中国化的最新成果、当代中国马克思主义、21世纪马克思主义，遵循马克思主义人类解放的核心价值、唯物辩证法的基本逻辑、直面问题的实践观点，坚持人民至上的根本立场，坚持守正创新的与时俱进，坚持自信自立的独立自主，坚持问题导向的实践观点，坚持系统观念的思想方法，坚持胸怀天下的人类情怀，把辩证唯物论、唯物辩证法和人民价值论统一到中国特色社会主义伟大实践之中，立足于中国特色社会主义进入新时代的历史方位，基于我国社会主要矛盾变化所带来的一系列新的时代课题，具体问题具体分析，创造性地解决实际问题，旨在实现社会主义现代化和中华民族伟大复兴的中国梦，在改革发展稳定、内政外交国防、治党治国治军等方方面面提出一系列新的思路、新的战略、新的举措，形成了完整系统的科学理论体系，开辟了马克思主义的新境界。

二、坚持得意忘言，不仅要知其言，更要知其义

世界观和方法论是统一的，有什么样的世界观，

就有什么样的方法论。正如毛泽东同志所指出的,"世界本来是发展的物质世界,这是世界观;拿了这样的世界观转过来去看世界,去研究世界上的问题,去指导革命,去做工作,去从事生产,去指挥作战,去议论人家长短,这就是方法论,此外并没有别的什么单独的方法论"。把马克思主义的世界观用于认识和改造世界,就是马克思主义的方法论。习近平新时代中国特色社会主义思想,坚持马克思主义立场观点方法和科学社会主义基本原理,把马克思主义基本原理与中国具体实际相结合、与中华优秀传统文化相结合,坚持人民至上、自信自立、守正创新、问题导向、系统观念、胸怀天下,全面系统回答了新时代坚持和发展中国特色社会主义的一系列重大理论和实践问题,为马克思主义中国化时代化作出了原创性贡献,为我们党和人民认识世界、改造世界提供了强大思想武器,是坚持和运用辩证唯物主义和历史唯物主义的光辉典范。《庄子·外物》有言:"言者所以在意,得意而忘言。"把握好习近平新时代中国特色社会主义思想的世界观和方法论,必须坚持得意忘言,不仅要知其言,更要知其义。

把握好习近平新时代中国特色社会主义思想的世界观和方法论,就要牢牢把握贯穿其中的根本价值立场。人类解放是马克思主义的核心价值追求，人民立场是中国共产党的根本政治立场。人民性是马克思主义的本质属性，作为马克思主义执政党，我们的理论和实践都必须要扎根人民、为了人民、造福人民。坚持人民至上，是习近平新时代中国特色社会主义思想的价值原点，充分体现了马克思主义的核心价值追求，包含了对中国特色社会主义价值取向、发展动力的科学回答和阐述，是对马克思主义唯物史观的创造性运用。坚持自信自立，就要一切为了人民、一切依靠人民，既不走封闭僵化的老路，也不走改旗易帜的邪路，坚定不移走共同富裕的中国式现代化之路。坚持守正创新，就要站稳人民立场、把握人民愿望、尊重人民创造、集中人民智慧，形成为人民所喜爱、所认同、所拥护的理论。坚持问题导向，就要着力解决发展不平衡不充分问题和人民群众急难愁盼问题，推动人的全面发展、全体人民共同富裕取得更为明显的实质性进展。坚持系统观念，就要将广大人民群众的根本利益、全局利益、长远利益作为着力点，以满足人民日益增长的美好生活需要为根本目的进行战略谋划和系统推进。坚持胸怀天下，就不仅要为中国人民谋幸福、为中华民族谋复兴，也要为人类谋进步、为世界谋大同，充分体现马克思主义解放人类的价值理想。

总 序

把握好习近平新时代中国特色社会主义思想的世界观和方法论，就要牢牢把握贯穿其中的唯物辩证法。唯物辩证法是我们观察世界、判断形势、认识问题的基本方法，也是习近平新时代中国特色社会主义思想所贯穿的根本方法论。习近平总书记指出："唯物辩证法认为，事物是普遍联系的，事物及事物各要素相互影响、相互制约，整个世界是相互联系的整体，也是相互作用的系统。坚持唯物辩证法，就要从客观事物的内在联系去把握事物，去认识问题、处理问题。"坚持人民至上，就要统筹兼顾全局和局部、当前和长远、重点和非重点等各个方面的利益关系，让发展的成果更加全面、更加公平、更加长久地惠及全体人民。坚持自信自立，就要坚持和运用马克思主义的立场观点方法独立自主地解决自己的问题，把国家和民族发展放在自己力量的基点上，充分体现马克思主义具体问题具体分析的活的灵魂。坚持守正创新，就要坚持守正和创新辩证统一，既要守马克思主义基本立场观点方法之"正"，又要创中国化时代化的马克思主义之"新"，既确保正确方向，又不封闭僵化。坚持问题导向，就要承认矛盾的普遍性、客观性，要善于把认识和化解矛盾作为打开工作局面的突破口。坚持系统观念，就要善于通过历史看现实、透过现象看本质，把握好全局和局部、当前和长远、宏观和微观、主要矛盾和次要矛盾、特殊和一般的关系，不断提高战略思维、历史思维、辩证思维、系统思维、创新思维、法治思维、底线思维能力，为前瞻性思考、全局性谋划、整体性推进党和国家各项事业提供科学思想方法。坚持胸怀天下，就必须统筹国内国际两个大局，既要为我国改革发展稳定争取良好外部条件，又要维护世界和平稳定、促进共同发展，共同创造人类的美好未来。

把握好习近平新时代中国特色社会主义思想的世界观和方法论，就要牢牢把握贯穿其中的实践观点。实践的观点、生活的观点是马克思主义首要的基本的观点，实践性是马克思主义理论区别于其他理论的显著特征。习近平新时代中国特色社会主义思想同样具有实践性、时代性、创造性的鲜明品格，是从新时代中国特色社会主义全部实践中产生的理论结晶，是推动新时代党和国家事业不断向前发展的科学指南。坚持人民至上，不是抽象的而是具体的、实践的，必须坚持全心全意为人民服务，始终致力于改善民生、增进人民福祉、为人民谋幸福，将实现最广大人民的根本利益作为党一切行动的出发点和落脚点。坚持自信自立，就要坚定中国特色社会主义道路自信、理论自信、制度自信、文化自信，在中国特色社会主义的伟大实践中不断提高我国社会生产力发展水平和人民生活水平，使我国社会主义制度的优越性不断显现和丰富起来，使中国特色社会主义道路越走越宽广。坚持守正创新，就要坚持对马克思主义的坚定信仰、对中国特色社会主义的坚定信念，以更加积极的历史担当和创造精神，为坚持、发展和运用马克思主义作出新的贡献。坚持问题导向，就要增强问题意识，聚焦实践遇到的新问题、改革发展稳定存在的深层次问题、人民群众急难愁盼问题、国际变局中的重大问题、党的建设面临的突出问题，不断提出真正解决问题的新理念新思路新办法。坚持系统观念，必须统筹兼顾、综合施策，既以目标为着眼点，又以问题为着力点，加强前瞻性思考、全局性谋划、战略性布局、整体性推进，统筹推进"五位一体"总体布局、协调推进"四个全面"战略布局，更好推动党和国家事业发展。坚持胸怀天下，就要始终坚持维护和平、促进共同发展的外交政策宗旨，以实际行动致力于推动构建人类命运共同体。

实践没有止境，理论创新也没有止境。我们要突破前人，后人也必然会突破我们，这是社会前进的必然规律。马克思主义是随着时代、实践、科学发展而不断发展的开放的理论体系，它并没有结束真理，而是开辟了通向真理的道路。中国特色社会主义还会往前走，还会有很多新的理论、新的发展，我们要把坚持马克思主义和发展马克思主义统一起来，结合新的实践不断作出新的理论创造。学习贯彻习近平新时代中国特色社会主义思想党的创新理论，就要深刻理解把握其世界观和方法论，坚持好、运用好贯穿其中的立场观点方法，深入领会坚持人民至上、坚持自信自立、坚持守正创新、坚持问题导向、坚持系统观念、坚持胸怀天下的道理学理哲理，做到知其言更知其义，切实把党的创新理论贯彻落实到党和国家工作各方面全过程。

三、坚持知行合一，不仅要知其道，更要行其道

"知而不行，只是未知。"理论武装归根到底是为了掌握科学方法，有效解决问题。我们坚持以马克思主义为指导，是要运用其科学的世界观和方法论解决中国的问题，而不是要背诵和重复其具体结论和词句，更不能把马克思主义当成一成不变的教条。毛泽东同志在《整顿党的作风》中指出：我们"不应当把马克

思主义的理论当成死的教条。对于马克思主义的理论，要能够精通它、应用它，精通的目的全在于应用"。坚持用中国化时代化的马克思主义武装头脑、指导实践、推动工作，落脚点在指导实践、推动工作；学懂弄通做实，落脚点在做实。我们要牢记空谈误国、实干兴邦的道理，坚持知行合一，不仅要知其道，更要行其道，坚持科学的世界观和方法论，系统推进和拓展中国式现代化。

处理好顶层设计和实践探索的关系。推进中国式现代化涉及政治、经济、社会、文化、生态等各个领域，事关改革、发展、稳定等根本问题，涵盖治党治国治军、内政外交国防等方方面面，各个方面的关系纷繁复杂，往往牵一发而动全身，因此必须进行顶层设计，深刻洞察世界发展大势，准确把握人民群众的共同愿望，深入探索经济社会发展规律，使制定的规划和政策体系体现时代性、把握规律性、富于创造性，做到远近结合、上下贯通、内容协调。推进中国式现代化是一个探索性事业，还有许多未知领域，需要我们在实践中大胆探索，通过改革创新来推动事业发展，决不能刻舟求剑、守株待兔。既要通过顶层设计进行系统谋划、战略布局和整体推进，又要调动一切积极因素从而群策群力、积极探索和创新实践，使顶层设计与基层探索良性互动、有机结合，形成历史合力。

处理好战略和策略的关系。战略问题是一个政党、一个国家的根本性问题。中国式现代化必须坚持正确的战略方向，在根本问题上决不能出现颠覆性错误。推进中国式现代化，要增强战略的前瞻性，准确把握事物发展的必然趋势，敏锐洞悉前进道路上可能出现的机遇和挑战，以科学的战略预见未来、引领未来。要增强战略的全局性，谋划战略目标、制定战略举措、作出战略部署，都要着眼于解决事关党和国家事业兴衰成败、牵一发而动全身的重大问题。我们要增强战略的稳定性，战略一经形成，就要长期坚持、一抓到底、善作善成，不要随意改变。中国式现代化是一项伟大的具体的历史实践，必须在策略问题上落到实处，决不能纸上谈兵。我们要把战略的坚定性和策略的灵活性结合起来，灵活机动、随机应变、临机决断，在因地制宜、因势而动、顺势而为中把握战略主动。

处理好守正和创新的关系。"守正"，即坚持马克思主义基本原理不动摇，坚持党的全面领导不动摇，坚持中国特色社会主义不动摇，守好中国式现代化的本和源、根和魂，毫不动摇坚持中国式现代化的中国特色、本质要求、重大原则，确保中国式现代化的正确方向。"创新"，即顺应时代发展要求，着眼于解决重大理论和实践问题，积极识变应变求变，大力推进改革创新，提出新的思路、新的战略、新的举措，不断塑造发展新动能新优势，充分激发全社会创造活力。中国式现代化是前无古人的伟大事业，守正才能不迷失方向、不犯颠覆性错误，创新才能把握时代、引领时代。

处理好效率和公平的关系。中国式现代化是全体人民共同富裕的现代化，这是由社会主义的根本价值追求所决定的。以中国式现代化全面推进中华民族伟大复兴，我们必须坚持以人民为中心的发展思想，维护人民根本利益，增进民生福祉，推动全体人民共同富裕取得更为明显的实质性进展。中国式现代化既要创造比资本主义更高的效率，又要更有效地维护社会公平，更好实现效率与公平相兼顾、相促进、相统一。我们要处理好效率与公平的关系，不断实现发展为了人民、发展依靠人民、发展成果由人民共享，让现代化建设成果更多更公平惠及全体人民。

处理好活力与秩序的关系。中国式现代化，应该既充满活力又拥有良好秩序，呈现出活力和秩序的有机统一。秩序代表着社会的有序、和谐与稳定，而活力则蕴含社会生活的丰富多样性，是社会各群体创造力的竞相迸发和个人潜力的充分发挥，体现了人类社会进步的动力与人类文明的可持续性。这是需要我们通过深化改革与社会公平的激励机制来实现的，从而最大限度地增加和谐因素，最大限度地减少不和谐的因素，最大限度地激发社会活力。同时，我们要统筹发展和安全，贯彻总体国家安全观，健全国家安全体系，增强维护国家安全能力，坚定维护国家政权安全、制度安全、意识形态安全和重点领域安全，确保发展的稳定环境。

习近平新时代中国特色社会主义思想，蕴含着丰富的马克思主义哲学智慧。习近平新时代中国特色社会主义思想，坚持马克思主义立场观点方法和科学社会主义基本原理，把历史和现实、理论和实践、国内和国际相结合相贯通，思接千载、视通万里，洞察和分析世情、国情、党情的深刻变化，全面系统回答了新时代坚持和发展中国特色社会主义的一系列重大理论和实践问题，集中体现了这一思想在马克思主义基本原理与中国具体实际相结合上的又一次飞跃，为发展马克思主义作出了原创性贡献，为我们党和人民认识世界、改造世界提供了强大思想武器，是坚持和运用辩证唯物主义和历史唯物主义的光辉典范。党员、干部特别是领导干部要认真学习和真正掌握其中所蕴含的马克思主义立场观点方法，不断提高运用中国化时代化的马克思主义分析和解决实际问题的能力，自觉用习近平新时代中国特色社会主义思想武装头脑、统一思想，凝聚力量、推动实践，以中国式现代化实现中华民族伟大复兴，真正创造出属于我们这一代人的新的奇迹。

这是一个需要理论而且能够产生理论的时代，是一个呼唤创新而且能够创新的时代，是一个能够追求真理和实践真理的时代。中国特色社会主义是前无古人的伟大事业，坚持和发展中国特色社会主义是永无止境的伟大实践，不断开辟马克思主义中国化时代化新境界和中国特色社会主义事业新局面是中国共产党人的神圣使命。我们要以科学的态度对待科学、以真理的精神追求真理，继续推进实践基础上的理论创新，把握好习近平新时代中国特色社会主义思想的世界观和方法论，坚持好、运用好贯穿其中的立场观点方法，在伟大实践中充分彰显真理的力量。作为理论工作者，系统阐释习近平新时代中国特色社会主义思想活的灵魂和精髓要义，是我们义不容辞的责任和神圣使命担当。我们深深呼吸着伟大的时代气息，怀着强烈的使命感和责任感，约请理论界知名专家学者共同研究这一重大课题，以"道理学理哲理·党的创新理论研究阐释"为主题组织编写了这套丛书，以期通过全面深刻系统学习领悟二十大精神和活学活用习近平新时代中国特色社会主义思想的活的灵魂，为坚定理想信念、掌握科学方法、凝聚磅礴伟力、推进伟大事业，尽一份绵薄之力。

董振华

中央党校（国家行政学院）哲学教研部副主任、教授

第一章 坚定理想信念的理论基础

习近平总书记指出:"理论上清醒,政治上才能坚定。坚定的理想信念,必须建立在对马克思主义的深刻理解之上,建立在对历史规律的深刻把握之上。"① 理想信念作为深沉而笃定的精神力量,是深思熟虑的理性选择,正如恩格斯所说:"在社会历史领域内进行活动的,是具有意识的、经过思虑或凭激情行动的、追求某种目的的人;任何事情的发生都不是没有自觉的意图,没有预期的目的的。"② 中国共产党的理想信念不同于空想,而是建立在科学的理论基础之上,反映客观规律,符合中国语境的。

一、马克思主义的真理精神和崇高价值

"理想信念"作为一个整体性概念,由"理想"和"信念"两个概念组合在一起而形成。这一概念产

---

① 《习近平谈治国理政》第二卷,外文出版社2017年版,第35页。
② 《马克思恩格斯选集》第四卷,人民出版社1995年版,第247页。

生于改革开放新时期，是我们"在进行理想、信念教育的过程中，适应现实的需要而逐步形成的"。① 作为一个系统科学的信念体系，中国共产党人的理想信念是建立在坚实的理论基础上的，对于其理论基础，习近平总书记在纪念马克思诞辰200周年大会上的讲话中明确指出："马克思主义奠定了共产党人坚定理想信念的理论基础。"②

（一）马克思主义揭示了人类社会发展的一般规律

一般而言，人们承认自然界的规律，因为人们在自然界看到的是事物的重复性。然而，当人们将视野从自然界转向人类社会的时候，往往怀疑甚至否定人类历史发展的规律。因为人类社会的发展过程与自然界有一个非常大的不同：在自然界中，起作用的是各种不自觉的、盲目的力量；在人类社会中，人是社会历史的主体，社会历史是由一个个活生生的人所参与的，而人又是有思想、有激情、有意志的，在历史活动中总是提出一定的目的和任务。人类社会历史的这种特殊性，使得人们在回答人类社会是否有规律的时

---

① 吴潜涛：《正确理解理想信念的科学含义》，《教学与研究》2011年第4期。
② 中共中央党史和文献研究院编：《十九大以来重要文献选编》（上），中央文献出版社2019年版，第428页。

候产生不同的答案。在历史唯物主义创立之前的唯心主义历史观，无论是神学历史观，还是英雄史观、资产阶级人道主义历史观，都没有科学地解释人类社会发展的历史进程，也没有发现其中所蕴含的内在规律。

与以往的唯心主义历史观不同，历史唯物主义在对社会历史进行考察的时候，不是从神、意志、人性等因素出发，而是坚持唯物主义的观点，从人们的物质生活条件出发，寻找社会历史发展的真实原因。这是因为，在社会历史领域，人们的活动尽管有自觉的意图和预期的目的，但这些意图和目的，并不是一样的，而是常常彼此冲突，最终的结果可能与预期的目的不同，甚至是相反。这就表明，人们的动机、愿望对于活动的全部结果来说，只具有从属的意义。马克思、恩格斯注意到了生产劳动这个社会生活的基本事实并给予了足够的重视，认为这是人们思想关系和思想动机的物质基础，这就找到了社会历史发展的根本原因。社会存在决定社会意识的原理，为发现人类历史发展的规律性开辟了道路，社会历史不再被看成受某种神秘的必然性支配的过程，或者是偶然事件的堆积，而是遵循客观规律发展的历史进程。

在科学认识社会存在和社会意识关系的基础上，马克思在《〈政治经济学批判〉序言》中对人类社会历史发展的一般规律作了精练准确阐述，这个规律就是生产力与生产关系、经济基础与上层建筑相互作用的原理。"人们在自己生活的社会生产中发生一定的、必然的、不以他们的意志为转移的关系，即同他们的物质生产力的一定发展阶段相适合的生产关系。这些生产关系的总和构成社会的经济结构，即有法律的和政治的上层建筑竖立其上并有一定的社会意识形式与之相适应的现实基础。物质生活的生产方式制约着整个社会生活、政治生活和精神生活的过程。不是人们的意识决定人们的存在，相反，是人们的社会存在决定人们的意识。社会的物质生产力发展到一定阶段，便同它们一直在其中运动的现存生产关系或财产关系（这只是生产关系的法律用语）发生矛盾。于是这些关系便由生产力的发展形式变成生产力的桎梏。那时社会革命的时代就到来了。随着经济基础的变更，全部庞大的上层建筑也或慢或快地发生变革。"[1] 历史唯物主义的创立，揭示了人类社会发展的一般规律，使人类对于社会历史的认识第一次建立在科学的基础之上。历史唯物主义揭示了人类社会历史发展的规律性，论证了它的客观性质。与此同时，历史唯物主义也肯定

---

[1] 《马克思恩格斯选集》第二卷，人民出版社1995年版，第32—33页。

历史是由人们的活动创造的，人是历史的"剧作者"，社会历史规律实现于人的活动之中，形成于人的活动之中。社会历史规律通过作为社会生活主体的人的活动实现，历史过程是社会历史的客观规律和人的主体活动的有机统一。

（二）马克思主义揭示了资本主义运行的特殊规律

马克思主义不仅揭示了人类历史发展的一般规律，还深入研究了资本主义运行的特殊规律。马克思、恩格斯在创立历史唯物主义的同时，也在研究政治经济学。从19世纪50年代起，马克思开始把主要精力用于政治经济学的研究。经过长达10余年的研究，马克思科学揭示了资本主义生产方式的运动规律。在马克思之前，无论是资产阶级政治经济学还是空想社会主义，对资本主义社会中雇佣劳动把它创造的一部分价值交给资本家的事实，都无法揭示其秘密，马克思以资本主义生产方式中两个社会阶级的存在为前提，证明无产阶级作为出卖劳动力商品的雇佣劳动者阶级，在资本主义生产过程中不仅再生产出劳动力自身的价值，还额外地生产出剩余价值。

科学的劳动价值论是马克思对资本主义发展趋势进行探讨的基础，是马克思在经济学上实现科学革命的最重要成果之一。马克思以商品作为价值理论研究的出发点，揭示出商品的二重存在形式。商品的"二重存在"主要有两层含义：一是商品本身和商品价值的二重存在，商品本身指的是商品的自然存在，反映的是商品的特殊性；商品价值指的是商品的社会关系，是商品经济关系上的质的规定性。二是商品的内在价值和外在交换价值的二重存在。在对商品的二重存在形式的分析中，马克思揭示了生产商品的劳动的二重性质，一种是抽象的、质上相同而只是量上不同的劳动；另一种是自然的、在质上不同的具体劳动。

剩余价值理论是马克思揭示资本主义生产方式奥秘的核心内容。这一理论"使明亮的阳光照进了经济学的各个领域，而在这些领域中，从前社会主义者也曾像资产阶级经济学家一样在深沉的黑暗中摸索。科学社会主义就是以这个问题的解决为起点，并以此为中心的"①。在《资本论》这部"工人阶级的圣经"中，马克思系统论述了剩余价值理论，科学揭示了剩余价值的来源、本质、生产和分配以及生产剩余价值作为资本主义绝对规律的意义和作用。例如，劳动者

---

① 《马克思恩格斯文集》第九卷，人民出版社2009年版，第212页。

与生产资料完全分离是资本主义生产方式最本质的特征,剩余价值生产的起点是货币转化为资本,劳动力的价值等于生产和再生产工人及其家属的生产资料的价值,劳动力的使用价值是价值的源泉,雇佣工人在劳动过程中创造的剩余价值被资本家无偿占有,资本的本性就是在不断的运动中实现价值的增殖,等等。

对资本主义运行规律的揭示,提供了迄今为止关于资本的产生、本质、功能和命运的最深刻理解和透析,它证明唯物主义历史观已经不是假设,而是被科学证明了的原理。距离经典作家的时代已经过去许多年了,世界呈现出一些新的特征,例如生产的社会化程度进一步加深,金融资本在全球发展中的控制力进一步增强,贸易的全球化持续深入,科技革命的加速升级等,但是马克思对资本主义矛盾的揭示并没有过时,正如习近平总书记所说:"远的不说,就从国际金融危机看,许多西方国家经济持续低迷、两极分化加剧、社会矛盾加深,说明资本主义固有的生产社会化和生产资料私人占有之间的矛盾依然存在,但表现形式、存在特点有所不同。"[1]

---

[1] 习近平:《在哲学社会科学工作座谈会上的讲话》,《人民日报》2016年5月19日。

（三）马克思主义指明了实现人类自由解放的道路

恩格斯1883年3月17日在马克思墓前的讲话中指出，马克思最大的贡献就是发现了唯物史观和剩余价值学说，正是由于发现了人类历史的发展规律，发现了现代资本主义生产方式和它所产生的资产阶级社会的特殊的运动规律，社会主义才由空想变成了科学。

科学社会主义改变了只是从道德上谴责资本主义制度，从幻想的角度描述未来社会的旧有认识。例如，托马斯·莫尔目睹了英国资本原始积累的残酷，对"羊吃人"的圈地运动感触颇深，就幻想建立一个没有剥削、没有压迫的理想国，他假借意大利著名航海家韦斯甫契在游记中的24个人之一，写成了人类思想史上第一部空想社会主义著作《乌托邦》。另一位空想社会主义代表人物托马斯·康帕内拉则创作了《太阳城》，介绍了印度洋上一个虚幻的岛国，描述了一个实行绝对公有制、没有阶级区分、没有贫富对立、没有一切恶习的理想社会。科学社会主义是从资本主义经济结构、阶级关系以及社会基本矛盾的运动中，得出资本主义必然灭亡和社会主义必然胜利的历史结论。

科学社会主义改变了仅仅把无产阶级看作是一个受苦受难的、值得同情的阶级的旧有认识。例如，空想社会主义者认为，无产阶级是受苦受难的群体，是需要同情和怜悯的阶级，在他们心目中，无产阶级不是推翻旧社会的根本力量，也没有任何历史主动性，总是幻想一个天才人物解救无产阶级于水火之中。科学社会主义把无产阶级看成先进生产力的代表者，看成资本主义制度的掘墓人，看成新社会制度的创造者，从而对无产阶级的历史使命有了科学的认识。

科学社会主义改变了把希望寄托在旧制度下的某些实验和统治阶级良心的旧有认识。例如，罗伯特·欧文就曾在美国购得3万英亩土地进行"新和谐公社"的共产主义新村实验，有1000多人参加了实验，包括一些知名人士，也引起了美国和西欧的广泛关注，但是最终由于缺乏管理经验等原因，这个实验很快淹没在资本主义的汪洋大海之中。科学社会主义指明了无产阶级解放事业的正确道路，在无产阶级领导下，把工人阶级组织起来，通过无产阶级革命和无产阶级专政推翻资本主义道路，最终走向社会主义。

马克思、恩格斯在论述社会主义必然代替资本主义的过程中，也对未来共产主义社会作了一些科学的预测和设想。例如，他们指出实现人的全面自由发展是未来社会的本质规定，未来社会是自由人联合体，"代替那存在着阶级和阶级对立的资产阶级旧社会的，将是这样一个联合体，在那里，每个人的自由发展是一切人的自由发展的条件"①。在未来社会中真正实现了人与自然、人与社会的和谐共生，人成为了社会的主人、自然的主人和自身的主人。为了实现美好社会理想，一代又一代的共产党人为之不懈奋斗。他们坚信，共产主义理想即使在自己手里不会实现，但只要朝着最终实现共产主义这个大目标前进，经过一代又一代人为之努力，这一崇高理想就一定能够实现。应该指出的是，马克思、恩格斯对未来社会的描述只是指出了大致的轮廓和发展方向，他们也不赞成对未来社会的特征作过于具体、全面的描述，在他们看来，在新社会没有成为现实而缺乏实践经验的情况下设计未来的蓝图，越是制定得详细周密，就越要陷入幻想。同时，实现共产主义是一个非常漫长的历史过程，必须立足于现阶段的奋斗目标，共产党人应该做的是把为共产主义奋斗的最高纲领与每个阶段的现实纲领结合起来。

二、中华优秀传统文化的君子之道

马克思曾经说过，人们自己创造自己的历史，但

---

① 《马克思恩格斯选集》第一卷，人民出版社1995年版，第294页。

是他们并不是随心所欲地创造，并不是在他们自己选定的条件下创造，而是在直接碰到的、既定的、从过去承继下来的条件下创造。中华民族有5000多年悠久文明的历史，中国共产党人坚定的理想信念不仅来自马克思主义，而且植根于中华优秀传统文化。习近平总书记指出："中华优秀传统文化是中华民族的精神命脉，是涵养社会主义核心价值观的重要源泉，也是我们在世界文化激荡中站稳脚跟的坚实根基。增强文化自觉和文化自信，是坚定道路自信、理论自信、制度自信的题中应有之义。"① 习近平总书记高度重视中华优秀传统文化的历史传承和创新发展，从中华民族精神"根"与"魂"的高度，定位优秀传统文化。"中华优秀传统文化源远流长、博大精深，是中华文明的智慧结晶，其中蕴含的天下为公、民为邦本、为政以德、革故鼎新、任人唯贤、天人合一、自强不息、厚德载物、讲信修睦、亲仁善邻等，是中国人民在长期生产生活中积累的宇宙观、天下观、社会观、道德观的重要体现，同科学社会主义价值观主张具有高度契合性。我们必须坚定历史自信、文化自信，坚持古为今用、推陈出新，把马克思主义思想精髓同中华优秀

---

① 习近平：《在文艺工作座谈会上的讲话》，《人民日报》2015年10月15日。

传统文化精华贯通起来、同人民群众日用而不觉的共同价值观念融通起来。"[1] 马克思主义代表着真理的力量，展示的是客观规律；中华优秀传统文化突出的是人格的力量，展示的是人的信仰、气质、品德等组合而成的影响力和感染力。真理的力量能够保证我们沿着正确的方向前进，人格的力量则是我们赢得人民群众认可和尊重的关键。

（一）君子是优秀传统文化中理想人格的信念

中华优秀传统文化蕴含着丰富的哲学思想、人文精神、价值理念、道德规范，积淀着中华民族最深沉的精神追求。中华文化与世界上的其他文化相比，有自己的特殊性，这种特殊性就是非常重视精神追求。梁启超曾经讲："中国先哲虽不看轻知识，但不以求知识为出发点，亦不以求知识为归宿点……中国哲学以研究人类为出发点，最主要的是人之所以为人之道：怎样才算一个人？人与人相互有什么关系？""儒家哲学范围广博，概括起来说，其用功所在，可以《论语》'修己安人'一语括之。其学问最高目的，可以《庄子》'内圣外王'一语括之。做修己的功夫，做到极处，

---

[1] 《中国共产党第二十次全国代表大会文件汇编》，人民出版社2022年版，第15页。

就是内圣；做安人的功夫，做到极处，就是外王……《大学》所谓'格物致知诚意正心修身'，就是修己及内圣的功夫；所谓'齐家治国平天下'就是安人及外王的功夫。"[①] 简单地说，中国传统哲学重视人的精神追求，倡导人格境界的高尚。人格作为一个概念，其内涵是指人的志趣、性格、能力和道德品质的总和。理想人格是指一定社会或阶级所倡导的道德上的完美典型。优秀传统文化倡导的理想人格，用一个词来概括就是"君子"。"君子"一词经过孔子从不同侧面的解说和阐发，成为了中华文化中上至历代思想家及文人士大夫，下至社会各个阶层包括普通老百姓广泛认同的理想人格。

儒家经典中有许多关于"君子"的论述，例如《论语》中有"君子喻于义，小人喻于利""君子坦荡荡，小人长戚戚""君子和而不同，小人同而不和""君子成人之美，不成人之恶"。《礼记》中也有"君子贵人而贱己，先人而后己"。《孟子·离娄下》有"君子以仁存心，以礼存心，仁者爱人，礼者敬人，爱人者人恒爱之，敬人者人恒敬之"等论述。这些论述从不同角度论述了君子的内涵，例如君子将"仁"当

---

① 转引自孙正聿：《哲学通论》（上），吉林人民出版社2007年版，第42页。

成人生的最高境界,将"义"作为一种道德标准,注重追求精神层面的道。例如君子胸怀坦荡,秉持公心;君子有豁达包容的胸襟,在看待事物时能尊重理解对方,又能坚持自己的观点,等等。在先秦儒家之后,历代思想家都非常重视这一概念,从不同的角度对君子概念作了继承和发挥。有学者简要概括道:"'君子'是数千年中华优秀传统文化塑造的中国人的理想人格。儒家学说乃至整个中华传统文化,其中很重要的内容是阐扬仁、义、礼、智、信及忠、孝、廉、耻等众多为人处世的伦理和规范,它们最终都集聚、沉淀、融入和升华到一个理想人格即'君子'身上","君子概念及君子文化,是中华优秀传统文化的聚焦之点和闪光之源,是烛照中华儿女历经坎坷而跋涉向前的人格力量和心理支撑。"[①] 君子不仅是儒家推崇的理想人格形象,也为道家和法家所认同。如《庄子·山木》讲,"君子之交淡若水,小人之交甘若醴,君子淡以亲,小人甘以绝"。荀子强调:"法不能独立,类不能自行,得其人则存,失其人则亡。法者,治之端也,君子者,法之原也。"君子人格流淌在中国人的血脉中,渗透在日常生活中,是中华民族特有的文化概念,是中国人

---

① 钱念孙:《君子文化与社会主义核心价值观》,《光明日报》2014年6月13日。

独特的人格追求。习近平总书记就曾引用古语"君子之过也,如日月之食焉:过也,人皆见之;更也,人皆仰之",强调党员干部要敢于直面问题、勇于修正错误。

(二)君子之道的根本途径是现实生活实践

实践是人能动地改造世界的物质性活动。实践在马克思主义中地位特殊,科学的实践观是马克思主义的基础。马克思指出:"全部社会生活在本质上是实践的。"[①] 马克思、恩格斯在唯物主义发展史上第一次对人类社会实践活动给予了充分的注意,揭示了实践在人类社会发展中的地位和作用。实践形成了社会生活的基本领域,不管是经济生活、政治生活还是文化生活,都是由不同的实践活动造成的,其相互关系也是由实践活动的内在联系决定的;实践是社会关系的发源地,不管是人与自然的关系,还是人与人的关系,都共生于实践活动之中;实践是社会发展的动力之源,社会发展的动力只能产生于人的实践活动之中。

中华优秀传统文化中的君子之道与马克思主义的本真精神——实践——之间有根本共通之处。作为一

---

① 《马克思恩格斯选集》第一卷,人民出版社1995年版,第56页。

种道德人格理想，"君子"不是现成的，而是生成的。一般来说，君子之道有两种途径，一种途径是推致，即"推而致之"。坚持这种途径的人一般都有人性善的前提。我们知道孔子十分重视"仁"，但是他并未充分地阐述人为什么要实行"仁"。孟子回答了这个问题，这个答案就是他的"人性本善说"。《孟子·公孙丑章句上》有言："人皆有不忍人之心。……今人乍见孺子将入于井，皆有怵惕恻隐之心。……由是观之，无恻隐之心，非人也；无羞恶之心，非人也；无辞让之心，非人也；无是非之心，非人也。恻隐之心，仁之端也；羞恶之心，义之端也；辞让之心，礼之端也；是非之心，智之端也。人之有是四端也，犹其有四体也。"孟子的性善论肯定人有"四端"，即人人都有成为君子的道德基因，但是要想成为"君子"，还必须从内而外，将仁、义、礼、智这"四端"扩充开来落实到现实生活中，这个落实到现实生活中的过程就是一个在实践中修养磨炼的过程。第二种途径是"约束"，即要成为君子必须遵守社会的共同的行为准则。坚持这种途径的一般都坚持人性恶的前提，例如荀子。荀子在《性恶》篇中说："人之性，恶；其善者，伪[①]也。"孟子认

---

① 指"人为"之意。

为，人生来就有"四善端"，只要充分发展这四善端，就可以成为圣人。而荀子认为，人生来不仅没有善端，相反，生来就有恶端。生来就有恶端，那怎么能够在道德上达到善呢？荀子指出，人的生存离不开社会组织，为了使社会组织起来，人们需要共同的行为准则，因此需要用礼来规范人和人之间的关系。凡是建立起"礼"的地方，就形成了"道德"，按"礼"而行的人就是有道德的人。从君子之道的两种途径，我们能够看到要想成为"君子"，要想具有传统文化中的理想人格都离不开实际行动，也就是说都必须在现实实践中去行动，这与马克思主义的实践观是内在一致的。

（三）在君子文化的倡兴中提升个人道德修养

习近平总书记指出："我们党作为马克思主义执政党，不但要有强大的真理力量，而且要有强大的人格力量。真理力量集中体现为我们党的正确理论，人格力量集中体现为我们党的优良作风。"① 邓小平同志也曾经讲过，共产党人干事业，一靠真理的力量，二靠人格的力量。在中国共产党 100 多年的历史征程中，一代又一代优秀共产党人向全世界、向全国人民彰显

---

① 中共中央宣传部编：《习近平新时代中国特色社会主义思想三十讲》，学习出版社 2018 年版，第 317 页。

了强大的人格力量。千百万人民群众认识我们党、了解我们党，最直接的途径就是通过身边党员的道德品行和人格魅力。爱国侨领陈嘉庚到延安之后，把在延安观察到的和国民党统治区相比较，感慨地说，中国的希望在延安。东北抗日联军第一路军总司令杨靖宇，被日军重重包围之后，拒绝投降，慷慨赴死。他的遗体被解剖、化验发现，胃里一粒粮食也没有，只有草根和棉絮，有的棉花明显是刚吃进去的，一团一团的还没变样，这一结果令作为敌人的日本人都肃然起敬。

人格是一个人精神修养的集中体现。习近平总书记指出："干部要想行得端、走得正，就必须涵养道德操守，明礼诚信，怀德自重，保持严肃的生活作风、培养健康的生活情趣，特别是要增强自制力，做到慎独慎微。"① 面对党员干部中存在的信仰缺失、价值迷失、道德失范等情况，要大力倡行君子之道、君子之风。倡行君子之风，要胸怀崇高理想，学习中国历史上诸多先贤"为天地立心，为生民立命，为往圣继绝学，为万世开太平"的人生追求，胸怀共产主义的远大理想和崇高追求，坚定中国特色社会主义的共同理想，将个人精神境界的提升与远大社会理想有机结合

---

① 《习近平谈治国理政》第三卷，外文出版社2020年版，第521页。

起来。倡行君子之风，要勇担社会责任，牢记空谈误国、实干兴邦，坚持知行合一、真抓实干，以天下兴亡为己任，有功成不必在我、功成必定有我的境界和担当，立志做大事，不要立志做大官，心无旁骛地努力工作，为党和人民做事。倡行君子之风，要涵养浩然正气，牢记清廉是福，坚守精神追求，见贤思齐、襟怀坦荡、心向光明，以高尚的道德追求、良好的道德修养处理好公和私、义和利、是和非、正和邪、苦和乐等一系列关系，任何时候都稳得住心神、管得住行为、守得住清白。

三、马克思主义政党的建党学说

马克思主义政党的建党学说，是关于无产阶级政党产生、发展和自身建设规律的思想理论，是马克思、恩格斯在19世纪40年代创立，后来又经过各国无产阶级政党根据新的历史条件和政党建设经验不断丰富和发展的理论体系。中国共产党作为一个马克思主义政党，坚定理想信念的理论基础不仅根源于马克思主义和中华优秀传统文化，还植根于马克思主义政党的建党学说，是对思想建党原则的继承、丰富和发展。

（一）马克思、恩格斯高度重视科学理论的指导

无产阶级进行社会主义革命，必须要有无产阶级政党的领导。马克思、恩格斯为了建立和建设无产阶级政党付出了艰苦的努力。1845年在布鲁塞尔建立了共产主义小组，1846年在共产主义小组的基础上建立了共产主义通讯委员会，1847年将正义者同盟改组为共产主义同盟。1864年国际工人协会即第一国际诞生后，马克思、恩格斯同"国际"内部的各种错误思想进行了坚决斗争。1869年德国社会民主工党成立，这是第一个单独在一个国家建立的无产阶级政党。1889年在恩格斯的提议下又建立了第二国际。

马克思、恩格斯在建立和建设无产阶级政党的过程中非常重视科学理论的指导作用。在他们看来，无产阶级政党之所以是一个先进的政党，就在于拥有科学的世界观。正因为在理论方面胜过其他政党，胜过一般的无产阶级群众，它才能反映无产阶级的利益和诉求，才能带领人民群众不断前进。正因为如此，马克思、恩格斯特别重视党的纲领和指导思想的制定，我们可以从他们对待《共产党宣言》《国际工人协会成立宣言》和《协会临时章程》的科学态度中看出来，还可以从《哥达纲领批判》《爱尔福特纲领批判》等著

作对各种错误思想的深入批判中看出来。

无产阶级政党的科学理论必须注意把当前斗争和长远目标结合起来,形成理想和现实相统一的革命纲领。在《共产党宣言》中,马克思、恩格斯指出:"共产党人的最近目的是和其他一切无产阶级政党的最近目的一样的:使无产阶级形成为阶级,推翻资产阶级的统治,由无产阶级夺取政权。"[1] 推翻资产阶级统治,夺取政权,这是共产党人的最近目标。在通过革命使自己成为统治阶级之后,共产党人不能忘记自己崇高理想和最终奋斗目标,这个崇高理想和最终奋斗目标就是共产主义,是自由人联合体。共产党人不能为了暂时的利益,而忘记根本大计,当然也不能无视或者忽视近期目标。

(二)列宁强调思想的统一性和思想的批判性

对于列宁的建党学说,邓小平同志曾有一个科学的评价,他说:"列宁有个完整的建党的学说。正是因为列宁建立了那么一个好的党,才取得十月革命的胜利,建立了第一个社会主义国家。"[2] 鉴于国际上伯恩施坦修正主义的泛滥和国内工人运动中思想理论的混

---

[1]《马克思恩格斯文集》第二卷,人民出版社2009年版,第44页。
[2]《邓小平文选》第二卷,人民出版社1994年版,第44页。

乱，列宁在建党学说中特别强调无产阶级政党必须坚持以马克思主义为指导，特别强调革命理论对马克思主义政党的重要意义。他说："没有革命理论，就不会有坚强的社会党，因为革命理论能使一切社会党人团结起来，他们从革命理论中能取得一切信念，他们能运用革命理论来确定斗争方法和活动方式。"① 列宁认为，无产阶级政党必须捍卫马克思主义，马克思主义是工人运动的伟大旗帜。同时，列宁指出，马克思主义不是教条，不能把马克思主义看成某种一成不变的和神圣不可侵犯的东西，马克思主义只有同各个国家的具体实际相结合才能更有生命力。

列宁认为无产阶级政党必须向工人群众灌输科学社会主义思想。他认为，自发的工人运动只能产生工联主义的意识，社会主义学说是由知识分子从哲学、历史和经济的理论中创造出来的。无产阶级政党的任务就是必须将社会主义意识灌输到工人运动中去，对工人运动自发性的任何崇拜，最终都是否定马克思主义对工人运动的指导地位和作用。

列宁认为党必须坚持两条战线的斗争。在列宁的建党学说中，他一方面允许政党内部成员发表不同的

---

① 《列宁选集》第一卷，人民出版社1995年版，第274页。

第一章　坚定理想信念的理论基础

意见，另一方面又指出对错误思想必须要坚决斗争。例如，1905年俄国革命失败之后，社会民主党内的一些人对革命的信心产生了动摇，他们反对党在工会和其他合法团体中利用合法形式进行工作，认为在反动统治的条件下，党只应进行秘密工作，要求从国家杜马中召回社会民主工党的党团，这是以"左"的面貌出现的，被称为"召回派"。还有一种右倾机会主义，他们对革命丧失信心，不相信革命的高潮会到来，主张取消党的秘密组织、停止党的秘密工作，号召工人阶级同反动政府之间取得真正的和解，以换取沙皇政府对他们合法存在的认可。列宁在斗争中既反对"左"倾机会主义，又反对右倾机会主义，并把反对"左"右两种倾向的斗争明确概括为"两条战线的斗争"。

（三）思想建党是中国共产党的重要法宝

中国共产党成立之后，所处的环境与马克思主义创始人以及十月革命前后的俄国社会有很大的不同。1927年大革命失败之后，党的组织大部分处于农村环境之中，周围是农民和小资产阶级的汪洋大海。一方面，中国农民和小资产阶级受的压迫很重，有很强的革命性，共产党若不想成为一个狭隘的小团体，就必须从农民和小资产阶级中吸收大批先进分子加入党内；

另一方面，由于农民和小资产阶级分子加入党内，党内无产阶级思想同非无产阶级思想之间的矛盾十分突出。在这种情况下，毛泽东同志在领导党的建设的过程中，特别重视从思想上建党，把思想建党放到党的建设的首位。1929年红军第四军第九次代表大会就是重点论述在经济文化落后的农村，在农民和小资产阶级出身的党员成为主要成分的情况下，如何把红军中的党组织建设成为无产阶级的马克思主义武装的党组织。毛泽东同志指出："红军第四军的共产党内存在着各种非无产阶级的思想，这对于执行党的正确路线，妨碍极大。若不彻底纠正，则中国伟大革命斗争给予红军第四军的任务，是必然担负不起来的。"[①] 这些非无产阶级的错误思想包括关于单纯军事观点、关于极端民主化、关于非组织观点、关于绝对平均主义、关于主观主义、关于个人主义、关于流寇思想、关于盲动主义残余。对这些错误思想，毛泽东同志都指出了其各种表现，又相应地找出了纠正的办法和措施。

毛泽东同志不仅提出要重视思想上建党，而且创造了通过批评与自我批评进行马克思主义思想教育的整风形式。所谓整风，就是集中一段时间，针对党内

---

① 《毛泽东选集》第一卷，人民出版社1991年版，第85页。

思想、组织、作风上存在的主要问题，认真学习马列主义著作和党的有关文件，在提高认识的基础上，联系自己的思想、工作实际，开展批评和自我批评，实事求是地总结经验，以达到弄清思想、纠正错误、团结同志、共同前进的目的。整风运动既是深刻的马克思主义教育运动，也是伟大的思想解放运动，对于推进和实现党的建设伟大工程起了关键性的作用。正如邓小平同志所说，毛泽东同志的完整的建党学说，"是经过实践在延安整风时期建立起来的。毛泽东同志对于建立一个什么样的党，党的指导思想是什么，党的作风是什么，都有完整的一套"①。

改革开放和社会主义现代化建设新时期，我们党积极应对在长期执政和改革开放条件下党面临的各种风险考验，积极探索共产党执政规律、社会主义建设规律、人类社会发展规律，不断开辟马克思主义中国化新境界，持续推进党的建设新的伟大工程，保持党的先进性和纯洁性，保持党同人民群众的血肉联系。制定关于党内政治生活的若干准则，着力解决党内思想不纯、作风不纯、组织不纯问题，实现党内政治生活正常化。围绕解决好提高党的领导水平和执政水平、

---

① 《邓小平文选》第二卷，人民出版社1994年版，第44页。

提高拒腐防变和抵御风险能力这两大历史性课题，以执政能力建设和先进性建设为主线，先后就加强党同人民群众联系、加强和改进党的作风建设、加强党的执政能力建设等重大问题作出决定，组织开展"讲学习、讲政治、讲正气"教育、"三个代表"重要思想学习教育活动、保持共产党员先进性教育活动、学习实践科学发展观活动等集中性学习教育。

中国特色社会主义进入新时代，习近平总书记强调，打铁必须自身硬，办好中国的事情，关键在党，关键在党要管党、全面从严治党。我们党以加强党的长期执政能力建设、先进性和纯洁性建设为主线，以党的政治建设为统领，以坚定理想信念宗旨为根基，以调动全党积极性、主动性、创造性为着力点，不断提高党的建设质量，把党建设成为始终走在时代前列、人民衷心拥护、勇于自我革命、经得起各种风浪考验、朝气蓬勃的马克思主义执政党。坚持思想建党和制度治党同向发力，先后开展党的群众路线教育实践活动、"严以修身、严以用权、严以律己，谋事要实、创业要实、做人要实"专题教育、"学党章党规、学系列讲话，做合格党员"学习教育、"不忘初心、牢记使命"主题教育、党史学习教育等，用党的创新理论武装全党，推进学习型政党建设，教育引导广大党员、干部特别是领导干部从思想上正本清源、固本培元，筑牢信仰之基、补足精神之钙、把稳思想之舵，保持共产党人政治本色，挺起共产党人的精神脊梁。

从中国共产党思想建党实践来看，已经形成了系统性的学习、教育、培训、宣传机制，对于统一全党思想，保持党的生命力、先进性和战斗力，推进党和国家事业发展起到了重要保障作用。

第二章　革命理想高于天

习近平总书记指出:"革命理想高于天。没有一大批具有坚定共产主义理想的中华儿女,就没有中国共产党,也就没有新中国,更没有今天我国的发展进步。要把我国发展得更好,离不开理想信念的力量。"① 习近平总书记"革命理想高于天"的重要论断,以鲜明的时代话语强调理想信念的战略价值,体现了理想信念对历史、现实和未来的引领作用。

一、千千万万共产党人为了理想信念不惜抛头颅、洒鲜血

习近平总书记指出:"共和国是红色的,不能淡化这个颜色。无数的先烈鲜血染红了我们的旗帜,我们不建设好他们所盼望向往、为之奋斗、为之牺牲的共

---

① 习近平:《论中国共产党历史》,中央文献出版社2021年版,第80页。

第二章 革命理想高于天

和国,是绝对不行的。"① 鸦片战争后,中国陷入内忧外患的黑暗境地,中国人民经历了战乱频仍、山河破碎、民不聊生的深重苦难。中国共产党一经成立,就把实现共产主义作为党的最高理想和最终目标,义无反顾肩负起实现中华民族伟大复兴的历史使命,团结带领人民进行了艰苦卓绝的斗争,无数革命先烈为赢得民族独立和人民解放、实现国家富强和人民幸福,高擎信仰的火炬,临危不惧、前赴后继、浴血奋战、百折不挠,谱写了气吞山河的壮丽史诗。仅在新民主主义革命时期的 28 年时间里,党的许多领导人,如李大钊、瞿秋白、蔡和森、苏兆征、彭湃、陈延年等,许多杰出将领,如方志敏、刘志丹、黄公略、左权、叶挺等,都献出了自己的生命。据民政部统计,先烈中有名有姓的是 370 多万,28 年平均下来,每天都要牺牲 360 多人。没有留下姓名的就更多了,世界上从未有过这样的一个政党,为了民族独立、人民解放和国家富强、人民幸福,作出如此巨大的牺牲。

大革命时期,无数共产党人忘我追寻理想之光、舍身保护信仰火种。李大钊常说,"牺牲永是成功的代价","高尚的生活,常在壮烈的牺牲中"。当面对生与

---

① 转引自《共和国是红色的! 习近平总书记说英雄》,《南方电网报》2019 年 4 月 5 日。

死考验的时候,他在临刑前慷慨激昂、义正词严:"不能因为你们今天绞死了我,就绞死了伟大的共产主义!我们已经培养了很多同志,如同红花的种子,撒遍各地!我们深信,共产主义在世界、在中国,必然要得到光荣的胜利!"① 方志敏1922年加入中国社会主义青年团,1924年3月转为中国共产党党员后,激动地写道:"从此,我的一切,直到我的生命都交给党去了。"1935年不幸被捕后,在极端艰苦的条件下仍写下了《可爱的中国》《清贫》等著名篇章,在牺牲前留下铮铮誓言,"敌人只能砍下我们的头颅,决不能动摇我们的信仰"。夏明翰身陷牢狱坚贞不屈,在给妻子的家书中发出"坚持革命继吾志,誓将真理传人寰"的豪迈誓言;在致母亲的家书中写道:"儿女不见妈妈两鬓白,但相信你会看到我们举过的红旗飘扬在祖国的蓝天";在致姐姐夏明玮的家书中写道:"我一生无遗憾,认定了共产主义这个为人类翻身解放造幸福的真理,就刀山敢上,火海敢闯,甘愿抛头颅,洒热血";在牺牲前,从容写下了气壮山河的《就义诗》:"砍头不要紧,只要主义真。杀了夏明翰,还有后来人。"江善忠烈士在牺牲前用热血写下临终誓言:"死到阴间不

---

① 转引自王昊男:《前行莫忘来时路(感悟初心)》,《人民日报》2021年5月6日。

第二章 革命理想高于天

反水,保护共产党万万年!"这些革命先辈的伟大人格和崇高风范,永载中国共产党和中国人民革命斗争的史册,他们留下的思想遗产永不磨灭。习近平总书记指出:"井冈山时期,近五万名革命烈士献出宝贵生命。他们抛头颅洒热血为的是什么?为的就是坚定执着的理想信念"[1],"在中央苏区和长征途中,党和红军就是依靠坚定的理想信念和坚强的革命意志,一次次绝境重生,愈挫愈勇,最后取得了胜利,创造了难以置信的奇迹"[2]。

抗日战争时期,中国共产党领导红军高举抗日救亡旗帜,粉碎上百万国民党军队围追堵截,战胜无数艰难险阻,胜利完成举世闻名的万里长征的光辉历史和英雄壮举。长征的胜利,是中国共产党人理想的胜利,是中国共产党人信念的胜利。在红一方面军25 000里的征途上,平均每300米就有一名红军牺牲。长征途中,红军将士同敌人进行了600余次战役战斗,跨越近百条江河,攀越40余座高山险峰,其中海拔4000米以上的雪山就有20余座,穿越了被称为"死亡陷阱"的茫茫草地,用顽强意志征服了人类生存极限,红军将士创造了气吞山河的人间奇迹。习近平总书记

---

[1] 习近平:《论中国共产党历史》,中央文献出版社2021年版,第113页。
[2] 习近平:《论中国共产党历史》,中央文献出版社2021年版,第39页。

曾动情地说："长征中能活下来的有多少人？红军战士靠的是什么？图的是什么呢？""他们靠的就是坚定的革命理想信念。最重要的信念就一条，就是相信共产党，相信红军，相信跟着红军走就是有前途，相信共产党做的事情就是为穷苦老百姓好，相信共产党说的就是真理。"① 长征是一次理想信念的伟大远征，长征胜利启示我们：心中有信仰，脚下有力量；没有牢不可破的理想信念，没有崇高理想信念的有力支撑，要取得长征胜利是不可想象的。

解放战争时期，为捍卫国家独立、民族尊严，许多英烈血洒疆场。"解放战争时期，众多被关押在渣滓洞、白公馆的中国共产党人，经受住种种酷刑折磨，不折不挠、宁死不屈，为中国人民解放事业献出了宝贵生命，凝结成'红岩精神'。"② 一曲《红梅赞》，唱出了中国共产党人的崇高理想和坚定信念。刘胡兰在敌人威胁面前，坚贞不屈，以"怕死不当共产党"的忠贞信仰英勇就义。董存瑞在部队遭到敌人隐蔽暗堡火力封锁情况下，挺身而出，向连长请战："我是共产党员，请准许我去！"以自己的生命为部队开辟了前进道路。

---

① 转引自李舫：《伟大民族精神畅想》，《求是》2019年第14期。
② 习近平：《用好红色资源，传承好红色基因 把红色江山世世代代传下去》，《求是》2021年第10期。

第二章　革命理想高于天

信仰永不磨灭，理想薪火相传。在朝鲜战场上，志愿军将士面对强大而凶狠的作战对手，身处恶劣而残酷的战场环境，抛头颅、洒热血，以"钢少气多"力克"钢多气少"，197 000多名英雄儿女为了祖国、为了人民、为了和平献出了宝贵生命。他们之中涌现出杨根思、黄继光、邱少云等30多万名英雄功臣和近6000个功臣集体，这种血性令敌人胆寒，让天地动容，谱写了惊天地、泣鬼神的雄壮史诗。革命先辈感天动地的信仰故事、熠熠生辉的理想光芒，激励和指引着一代又一代共产党人在一程又一程新的长征路上接力前行、砥砺奋进。县委书记的好榜样焦裕禄，带领兰考人民封沙、治水、改地，心里装着全县的干部群众，唯独没有他自己。雷锋精神薪火相传，一批又一批雷锋式的先进典型不断涌现，书写着不同时代的雷锋故事。王进喜以"宁肯少活20年，拼命也要拿下大油田"的气概，带领石油工人为我国石油工业发展顽强拼搏，"铁人精神""大庆精神"成为激励各族人民意气风发投身社会主义建设的强大精神力量。在脱贫攻坚斗争中，1800多名同志将生命定格在了脱贫攻坚征程上，生动诠释了共产党人的初心使命。在抗击新冠疫情中，广大医务人员用血肉之躯筑起阻击病毒的钢铁长城，挽救了一个又一个垂危生命，诠释了医者仁心和大爱无疆。无数优秀共产党员用坚忍和执着、拼搏和奉献，为崇高的信仰信念不断注入新的时代内涵，将革命先辈为之奋斗、为之牺牲的伟大事业不断推向前进！

一代人有一代人的使命，一代人有一代人的担当，但中国共产党人的信仰却始终不变，历久弥坚。正是因为有无数共产党人的承诺与坚守，信仰才不再只是文字和声音，而是生成了一个又一个生动鲜活的形象和榜样，越是经常重温党的历史，越能体会信仰的价值，感受信仰的力量。

二、坚定的理想信念砥砺着我们党坚毅前行

中国共产党有着远大理想和坚定信念，不论中国革命遭遇多少激流险滩，历经多少艰难困苦，对马克思主义的信仰，对社会主义和共产主义的信念，在中国共产党的历史中始终没有动摇过。中国共产党之所以能够经受一次次挫折而又一次次奋起，归根到底是因为有远大理想和崇高追求。

（一）中国共产党始终强调理想信念教育

坚定的理想信念是中国共产党凝魂聚气的法宝。党的一大通过的党的第一个决议，就明确要求各种产

第二章 革命理想高于天

业部门都应建立工人学校，提高工人的觉悟，还应成立工会，教育工人，使他们在实践中实现共产党的思想。1923年11月中共三届一中全会通过的《教育宣传问题决议案》，强调要宣传"健全的唯物主义的宇宙观和社会观及集体主义的人生观"。在中央苏区，我们党提出文化教育的总方针"在于以共产主义的精神来教育广大的劳苦民众"，并建立马克思共产主义大学、苏维埃大学、红军大学，开展马克思主义教育。抗日战争时期，党制定实施了"干部教育第一"的战略部署，在全国各个抗日根据地有步骤地成立干部学校48所，用马克思列宁主义武装党员干部头脑，筑牢革命理想。新中国成立初期，我们党先后颁布了《关于加强理论教育的决定（草案）》《中国共产党第一次全国宣传工作会议关于加强党的宣传教育工作的决议（草案）》等党内法规和制度，开展经常性的思想政治教育，逐步形成党内思想政治教育工作制度。党的十一届三中全会以后，1983年4月，中共中央正式印发《中共中央关于实现党校教育正规化的决定》，指出"为党培训具有共产主义思想觉悟、党性强、作风好，又有现代化建设知识的领导骨干"。党中央先后展开了"三个代表"重要思想学习活动、深入学习实践科学发展观活动等。十八大以来，我们党将主题教育与理想信念教育活动有机结合，在全党开展的群众路线实践教育活动、"三严三实"专题教育、"两学一做"学习教育、"不忘初心、牢记使命"主题教育、党史学习教育，都以"思想理论武装"为主旨开展，推进党的理想信念教育常态化、制度化，广大党员干部的马克思主义立场进一步坚定，马克思主义中国化、时代化、大众化水平进一步提高。

（二）中国共产党始终强调以理想信念牵引社会前进方向

回顾中国共产党百年奋斗历程，中国共产党始终坚持社会主义和共产主义的前进方向，从来没有因为环境的变化而含糊或动摇过。1934年2月1日，毛泽东同志在第二次全国苏维埃代表大会闭幕词中明确指出："我们不但要完成民主革命，而且要使革命转变到将来的社会主义方向去！我们不但要推翻帝国主义国民党的统治，要消灭地主阶级，而且现在就要准备着，准备到了将来，到了适当的时期，消灭资本主义制度，消灭人剥削人的制度。像苏联现在所做的一样，最后还要进到共产主义，实行各尽所能各取所需的办法，进到最自由光明伟大的世界去。"[①] 抗日战争时期，毛泽东同志

---

① 中共中央文献研究室、中央档案馆编：《建党以来重要文献选编》（一九二一——一九四九）第十一册，中央文献出版社2011年版，第195页。

在《中国共产党在抗日时期的任务》中指出,"共产党人决不抛弃其社会主义和共产主义的理想,他们将经过资产阶级民主革命的阶段而达到社会主义和共产主义的阶段。中国共产党有自己的政治经济纲领。其最高的纲领是社会主义和共产主义"①。1945年4月,在党的七大《论联合政府》政治报告中,毛泽东同志系统阐述了中国共产党的政治纲领,坚定地指出:"我们共产党人从来不隐瞒自己的政治主张。我们的将来纲领或最高纲领,是要将中国推进到社会主义社会和共产主义社会去的,这是确定的和毫无疑义的。"②新民主主义革命胜利前夕,1949年7月31日,毛泽东同志在为新华社撰写的《我们是能够克服困难的》社论中继续强调,"革命将经过人民民主专政的共和国稳步地发展到社会主义和共产主义"③。新民主主义革命胜利后,中国共产党领导人民在医治战争创伤、恢复国民经济、完成民主革命遗留的任务的基础上,适时进行社会主义革命,推动我国社会向社会主义过渡,于1956年确立了以公有制为基础的社会主义制度,领导人民进行大规模的社会主义建设,为推动中国社会向

---

① 《毛泽东选集》第一卷,人民出版社1991年版,第259页。
② 《毛泽东选集》第三卷,人民出版社1991年版,第1059页。
③ 《毛泽东文集》第五卷,人民出版社1996年版,第314页。

更高阶段迈进创造条件。改革开放后,我们党坚守马克思主义的理想,坚定共产主义的信念,坚持在社会主义道路上推进现代化建设事业。20世纪80年代末90年代初,面对国际风云变幻,邓小平同志以高度的理论自信指出:"社会主义经历一个长过程发展后必然代替资本主义。这是社会历史发展不可逆转的总趋势,但道路是曲折的。""从一定意义上说,某种暂时复辟也是难以完全避免的规律性现象。一些国家出现严重曲折,社会主义好像被削弱了,但人民经受锻炼,从中吸取教训,将促使社会主义向着更加健康的方向发展。""不要认为马克思主义就消失了,没用了,失败了。哪有这回事!"[1] 习近平总书记在参加河南省兰考县委常委班子专题民主生活会时的讲话中指出:"我们党以马克思主义为立党之本,以实现共产主义为最高理想,以全心全意为人民服务为根本宗旨。这就是共产党人的本。没有了这些,就是无本之木。我们整个道路、理论、制度的逻辑关系就在这里。"[2] 百年来,我们党在百年奋斗中始终坚持从我国国情出发,探索并形成符合中国实际的正确道路,只要我们既不走封闭僵化的老路,也不走改旗易帜的邪路,坚定不移走

---

[1] 《邓小平文选》第三卷,人民出版社1993年版,第382—383页。
[2] 中共中央文献研究室编:《习近平关于协调推进"四个全面"战略布局论述摘编》,中央文献出版社2015年版,第138页。

中国特色社会主义道路，就一定能够把我国建设成为富强民主文明和谐美丽的社会主义现代化强国。

（三）中国共产党始终把马克思主义作为行动指南

鸦片战争后，在中国人民寻找救国救亡的进程中，马克思主义以其人民性与科学性、实践性与发展性的高度统一，在与各种思想、主义的比较斗争中脱颖而出，成为指导中国社会变革发展的重要思想和行动指南。习近平总书记指出："中国共产党之所以能够完成近代以来各种政治力量不可能完成的艰巨任务，就在于始终把马克思主义这一科学理论作为自己的行动指南，并坚持在实践中不断丰富和发展马克思主义。"[1] 以毛泽东同志为主要代表的中国共产党人，以中国革命和建设的问题为中心来认识和运用马克思列宁主义，提出了"马克思主义中国化"的命题，"马克思主义必须和我国的具体特点相结合并通过一定的民族形式才能实现。马克思列宁主义的伟大力量，就在于它是和各个国家具体的革命实践相联系的。对于中国共产党说来，就是要学会把马克思列宁主义的理论应用于中国的具体的环境"[2]。马克思主义

---

[1] 习近平：《论中国共产党历史》，中央文献出版社 2021 年版，第 122 页。
[2] 《毛泽东选集》第二卷，人民出版社 1991 年版，第 534 页。

基本原理同中国具体实际相结合，实现了马克思主义中国化的第一次历史性飞跃——毛泽东思想，指导中华民族实现了站起来的伟大飞跃，完成了社会主义革命，建立了社会主义基本制度，并不断推进社会主义制度优势的展现，为当代中国的发展进步奠定了根本政治前提和制度基础。党的十一届三中全会以后，以邓小平同志为主要代表的中国共产党人，深刻总结新中国成立以来正反两方面经验，围绕什么是社会主义、怎样建设社会主义这一根本问题，借鉴世界社会主义历史经验，创立了邓小平理论。以江泽民同志为主要代表的中国共产党人，坚持党的基本理论、基本路线、基本方略，加深了对什么是社会主义、怎样建设社会主义和建设什么样的党、怎样建设党的认识，形成了"三个代表"重要思想。党的十六大以后，以胡锦涛同志为主要代表的中国共产党人，在全面建成小康社会进程中推进实践创新、理论创新、制度创新，深刻认识和回答了新形势下实现什么样的发展、怎样发展等重大问题，形成了科学发展观。党的十八大以来，中国特色社会主义进入新时代，以习近平同志为主要代表的中国共产党人，坚持把马克思主义基本原理同中国具体实际相结合、同中华优秀传统文化相结合，坚持毛泽东思想、邓小平理论、"三个代表"

重要思想、科学发展观,深刻总结并充分运用党成立以来的历史经验,从新的实际出发,创立了习近平新时代中国特色社会主义思想。中国共产党近百年的历史,从一定意义上可以说是一部坚持马克思主义为指导的历史,是一部坚持马克思主义中国化时代化的历史,是一部在实践中不断丰富和发展马克思主义的历史。

三、历史是最好的老师

习近平总书记指出:"历史是最好的老师,我们党的历史是中国近现代以来历史最为可歌可泣的篇章,历史在人民探索和奋斗中造就了中国共产党,我们党团结带领人民又造就了历史悠久的中华文明新的历史辉煌。一切向前走,都不能忘记走过的路,走得再远、走到再光辉的未来,也不能忘记走过的过去,不能忘记为什么出发。"[①] 尊重历史,才能赢得未来。党员干部要坚持和弘扬马克思主义的历史观、政治观、价值观,准确把握党的历史发展的主题主线、主流本质,学史明理、学史增信、学史崇德、学史力行,用党的奋斗历程和伟大成就鼓舞斗志、明确方向,用党的光

---

① 习近平:《在党史学习教育动员大会上的讲话》,《求是》2021年第7期。

荣传统和优良作风坚定信念、凝聚力量，用党的实践创造和历史经验启迪智慧、砥砺品格。

（一）以百年党史砥砺初心使命

初心使命是党的性质宗旨、理想信念、奋斗目标的集中体现。中国共产党从诞生那一天起，就同中国人民和中华民族的前途命运紧密联系在一起，就把为中国人民谋幸福、为中华民族谋复兴作为自己的初心使命。

一百年来，党领导人民经过波澜壮阔的伟大斗争，中国人民彻底摆脱了被欺负、被压迫、被奴役的命运，成为国家、社会和自己命运的主人，人民民主不断发展，14亿多人口实现全面小康，中国人民对美好生活的向往不断变为现实，党的百年奋斗从根本上改变了中国人民的前途命运。一百年来，党领导人民不懈奋斗、不断进取，成功开辟了实现中华民族伟大复兴的正确道路，中国从四分五裂、一盘散沙到高度统一、民族团结，从积贫积弱、一穷二白到全面小康、繁荣富强，从被动挨打、饱受欺凌到独立自主、坚定自信，仅用几十年时间就走完发达国家几百年走过的工业化历程，创造了经济快速发展和社会长期稳定两大奇迹。一百年来，我们党团结带领人民用近30年时间完成了新民主主义革命，建立了新中国，中国人民从此站起来了；我们党团结带领人民在社会主义革命和建设的基础上用40多年时间进行改革开放，全面建成小康社会取得伟大历史性成就，脱贫攻坚战如期打赢，实现了第一个百年奋斗目标。党的百年奋斗从根本上改变了中国人民的前途命运，党的百年奋斗开辟了实现中华民族伟大复兴的正确道路。

百年党史就是一部生动形象、说理透彻的初心使命教科书。《鬼谷子·决篇》有云："度之往事，验之来事，参之平素，可则决之。"中华民族伟大复兴曙光在前、前途光明。推进中华民族伟大复兴历史伟业，要端起历史的望远镜，以史为镜、以史明志，从党走过的风云激荡的历史中，从党全心全意为人民服务的根本宗旨和长期实践中，感悟中国共产党初心使命的历史逻辑，认清当代中国所处的历史方位，增强历史自觉，把苦难辉煌的过去、日新月异的现在、光明宏大的未来贯通起来，用党的奋斗历程和伟大成就鼓舞斗志、明确方向，用党的光荣传统和优良作风坚定信念、凝聚力量，用党的实践创造和历史经验启迪智慧、砥砺品格，在乱云飞渡中把牢正确方向，在风险挑战面前砥砺胆识，激发为实现中华民族伟大复兴而奋斗的信心和动力，风雨无阻，坚毅前行，开创属于我们这一代人的历史伟业。

（二）以百年党史激发精神力量

习近平总书记指出："一百年来，中国共产党弘扬伟大建党精神，在长期奋斗中构建起中国共产党人的精神谱系，锤炼出鲜明的政治品格。"① 中国共产党人精神谱系集中体现了党的坚定信念、根本宗旨、优良作风，生动展现了党的奋斗历程和伟大品格，彰显着中国共产党团结带领中国人民所进行的一切奋斗、一切牺牲、一切创造，既一脉相承又与时俱进，跨越时空、历久弥新。

中国共产党人的精神谱系体现着正确的政治方向，比如，井冈山精神、延安精神、太行精神，都在强调听党话、跟党走，将革命进行到底；抗美援朝精神、西迁精神、农垦精神强调服从大局、坚决贯彻党中央决策部署。

中国共产党人的精神谱系体现着强烈的民族担当，比如：伟大抗战精神强调"天下兴亡，匹夫有责"的爱国情怀，强调视死如归、宁死不屈的民族气节，强调不畏强暴、血战到底的英雄气概；伟大长征精神强调把全国人民和中华民族的根本利益看得高于

---

① 《习近平谈治国理政》第四卷，外文出版社 2022 年版，第 7 页。

第二章 革命理想高于天

一切，坚定革命的理想和信念，坚信正义事业必然胜利。

中国共产党人的精神谱系体现着高尚的道德追求，比如：伟大抗疫精神强调"生命至上、举国同心、舍生忘死、尊重科学、命运与共"；雷锋精神强调要把崇高理想信念和道德品质追求转化为具体行动，体现在平凡的工作生活中。

中国共产党人的精神谱系体现着坚强的意志品质，比如，长征精神、抗战精神、太行精神、老区精神、吕梁精神体现着坚韧不拔、自强不息的品质，抗美援朝精神、王杰精神、抗疫精神体现着不怕牺牲、舍生忘死的品质，右玉精神、"两路"精神、援外医疗精神体现着不怕困难、迎难而上的品质，中国女排精神、照金精神体现着顽强拼搏、永不言败的品质等。

中国共产党人的精神谱系虽然由多种具体的精神样态构成，但都具有强烈的现实性和鲜明的时代价值，彰显着红色基因的传承，代表时代发展的前进方向，为立党兴党强党提供了丰厚滋养，要从伟大建党精神中体悟我们党强大的思想优势、政治优势、精神优势、道德优势，感悟中国共产党百年奋斗的历史逻辑、理论逻辑、实践逻辑，为中华民族伟大复兴汇聚起更加磅礴的精神力量。

（三）以百年党史涵养为民情怀

马克思主义是人民的理论，第一次站在人民的立场，揭示了人民为什么是自己的主人、社会的主人、历史发展的主人，为人民探求自身自由解放的道路和最终建立一个人人平等、人人自由的共产主义社会指明了奋斗方向。以马克思主义为指导思想的中国共产党，始终把为人民谋利益体现到党的全部奋斗中。始终尊重人民主体地位，领导人民实现了中国从几千年封建专制政治向人民民主的伟大飞跃。实行人民代表大会制度，发展全过程人民民主。健全民主制度、丰富民主形式、拓宽民主渠道，每一项改革都依靠人民，每一个目标都为了人民。始终关切人民根本利益，时刻做到民有所呼、政有所应，切实解决群众关心的就业、教育、医疗、住房、养老等现实问题，在中华大地上全面建成了小康社会，历史性地解决了绝对贫困问题，兑现了党向人民作出的庄严承诺，开启了全面建设社会主义现代化国家的新征程。始终不负人民期待，群众反对什么、痛恨什么，就坚决防范和纠正什么；群众需要什么就干什么，不断清除一切损害党的先进性和纯洁性的因素，清除一切侵蚀党的健康肌体的病毒，确保党始终不变质、不变色、不变味，坚持

第二章　革命理想高于天

自我革命以赢得历史主动。

（四）以百年党史锤炼优良作风

习近平总书记指出："我们党团结带领人民取得了革命、建设、改革的伟大成就，很重要的一条就是我们党在长期实践中培育并坚持了一整套光荣传统和优良作风。这些光荣传统和优良作风是我们党性质和宗旨的集中体现，是我们党区别于其他政党的显著标志。党要得到人民群众支持和拥护，就必须持之以恒发扬党的光荣传统和优良作风。"[1] 在长期的奋斗历程中，中国共产党形成并始终大力弘扬理论联系实际、密切联系群众、批评与自我批评的优良作风。习近平总书记从关乎党的兴衰存亡、巩固党的执政地位、实现党的执政使命的政治高度，严肃对待作风问题，一以贯之推进作风建设。强调党的作风和形象关系党的创造力、凝聚力、战斗力，决定党和国家事业成败，强调加强作风建设必须紧扣保持党同人民群众血肉联系这个关键，强调要在常和长、严和实、深和细上下功夫，把力戒形式主义、官僚主义作为重要任务，强调以系统施治、标本兼治的理念正风肃纪反腐，

---

[1] 《立志做党光荣传统和优良作风的忠实传人　在新时代新征程中奋勇争先建功立业》，《人民日报》2021年3月2日。

强调各级领导干部要带头转变作风,身体力行,以上率下。

激荡清风正气,凝聚党心民心。不论过去、现在还是将来,党的光荣传统和优良作风都是激励我们不畏艰难、勇往直前的宝贵精神财富。面对世情、国情、党情的深刻变化,面对精神懈怠危险、能力不足危险、脱离群众危险、消极腐败危险,实现第二个百年奋斗目标,要传承好发扬好老一辈革命家和共产党人留下的光荣传统和优良作风,驰而不息将作风建设引向深入,自觉做到理论联系实际、密切联系群众、批评与自我批评,始终保持党的先进性和纯洁性,以优良的作风确保对党的忠诚。

第三章 理想信念是共产党人精神上的"钙"

社会存在和社会意识是马克思主义哲学中的一对基本范畴。历史唯物主义认为,社会存在是第一位的,社会存在决定社会意识。同时,社会意识对社会存在具有能动的反作用。正因为社会意识的重要作用,习近平总书记在多个场合都强调理想信念的重要性。2012年11月17日,他在主持十八届中央政治局第一次集体学习时说:"对马克思主义的信仰,对社会主义和共产主义的信念,是共产党人的政治灵魂,是共产党人经受住任何考验的精神支柱。形象地说,理想信念就是共产党人精神上的'钙',没有理想信念,理想信念不坚定,精神上就会'缺钙',就会得'软骨病'。"[①] 2015年6月12日,在纪念陈云同志诞辰110周年座谈会上的讲话中,他再次指出:"对马克思主义、共产主义的信仰,对社会主义的信念,是共产党人精

[①] 《习近平谈治国理政》,外文出版社2014年版,第15页。

神上的'钙'。没有理想信念,理想信念不坚定,精神上就会得'软骨病',就会在风雨面前东摇西摆。"①对于中国特色社会主义伟大事业而言,中国共产党是最高政治领导力量,发挥着总揽全局、协调各方的领导核心作用,它的理想信念坚定与否直接决定了整个国家、民族的前途和命运。

一、坚定理想信念是防腐拒变的根本

反腐败关系党的生死存亡,关系全面建设社会主义现代化国家的前途和命运。习近平总书记指出,腐败问题对党的执政基础破坏力最大、杀伤力也最大,是最容易颠覆政权的问题,是党面临的最大威胁,反腐败斗争是一场输不起也决不能输的重大政治斗争。党的十八大以来,一方面党中央以前所未有的勇气和定力推进党风廉政建设和反腐败斗争,坚持无禁区、全覆盖、零容忍,坚持受贿行贿一起查,坚持有案必查、有腐必惩,刹住了一些多年未刹住的歪风邪气,解决了许多长期没有解决的顽瘴痼疾,管党治党宽松

---

① 中共中央党史和文献研究院、中央"不忘初心、牢记使命"主题教育领导小组办公室编:《习近平关于"不忘初心、牢记使命"重要论述选编》,党建读物出版社、中央文献出版社2019年版,第175页。

第三章　理想信念是共产党人精神上的"钙"

软状况得到根本扭转,反腐败取得压倒性胜利并全面巩固。仅自十九大以来的5年来看,全国纪检监察机关就立案306.6万件,处分299.2万人;立案审查调查行贿人员4.8万人,移送检察机关1.3万人,有8.1万人向纪检监察机关主动投案,2020年以来21.6万人主动交代问题。① 但是,另一方面还要看到腐败和反腐败较量还在激烈进行,党风廉政建设和反腐败斗争形势依然严峻复杂,呈现出许多新的阶段性特征,例如防范形形色色的利益集团成伙作势、"围猎"腐蚀还任重道远;有效应对腐败手段隐形变异、翻新升级还任重道远;彻底铲除腐败滋生土壤、实现海晏河清还任重道远;清理系统性腐败、化解风险隐患还任重道远。

（一）思想上的滑坡是最严重的病变

思想上松一寸,行动上就会散一尺。腐败的发生往往始于理想的迷失、信念的动摇。一些党员、干部出这样那样的问题,说到底是信仰迷茫、精神迷失。如果理想信念不坚定、思想防线出现松动,缺乏正确的是非观、义利观、权力观、事业观,不能正确处理公私关系,各种出轨越界、跑冒滴漏就在所难免了,

---

① 参见《中国共产党第二十次全国代表大会文件汇编》,人民出版社2022年版,第139页。

必然导致政治上变质、经济上贪婪、道德上堕落、生活上腐化。习近平总书记指出:"在我们党的历史上,涌现了无数英雄模范,也产生了不少蜕变分子、腐败分子。英雄模范之所以能够赴汤蹈火、舍生忘死,之所以能够任劳任怨、鞠躬尽瘁,之所以能够洁身自好、光明磊落,最根本的就是他们对理想信念有执着追求和坚守。他们选定了主义,站定了队伍,就终身为此不懈奋斗。反观那些蜕变分子、腐败分子,他们之所以走上歧途、走上不归路,最根本的是理想信念发生了动摇,在生死考验、利益诱惑、困难挫折面前松懈了斗志、忘却了身份、丢弃了忠诚。"[①] 在查处的违纪违法党员干部案件中,有的以批评和嘲讽马克思主义为"时尚"、为噱头;有的精神空虚,认为共产主义是虚无缥缈的幻想,"不问苍生问鬼神",热衷于算命看相、求神拜佛,迷信"气功大师";有的信念动摇,把配偶子女移民到国外、钱存在国外,给自己"留后路",随时准备"跳船";有的心为物役,信奉金钱至上、名利至上、享乐至上,心里没有任何敬畏,行为没有任何底线。守住拒腐防变防线,最紧要的是守住内心,固本培元,不断夯实廉洁从政的思想道德基础,

---

① 中共中央文献研究室编:《十八大以来重要文献选编》(中),中央文献出版社 2016 年版,第 676 页。

筑牢拒腐防变的思想道德防线。

（二）筑牢拒腐防变思想根基是马克思主义政党建设的重要内容

列宁指出："拖拉作风和贪污受贿行为是任何军事胜利和政治改革都无法治好的毛病。说实在的，这种毛病靠军事胜利和政治改革是治不好的，只有用提高文化的办法才能治好。"① 中国共产党成为执政党后，刘少奇同志在党的八大所作的政治报告中指出："在党领导了国家政权以后，党内贪污腐化、违法乱纪、道德堕落的现象有了某种程度的发展，这种现象必须坚决制止。……我们还必须经常从思想上和组织上进行反对腐化堕落现象的斗争，经常把不可救药的腐化堕落分子清除出党。"② 改革开放以后，一些党员干部把商品交换法则错误地带入权力运行，权力观异化，动摇了信仰，背离了党性，丢掉了宗旨，在"围猎"中被捕获。邓小平同志指出："要教育全党同志发扬大公无私、服从大局、艰苦奋斗、廉洁奉公的精神，坚持共产主义思想和共产主义道德……否则，我们自己在精神上解除了武装，还怎么能教育青年，还怎么能领

---

① 《列宁选集》第四卷，人民出版社 1995 年版，第 588 页。
② 《刘少奇选集》（下卷），人民出版社 1985 年版，第 272 页。

导国家和人民建设社会主义！"① 江泽民同志强调："教育领导干部树立正确的世界观、人生观、价值观，经受住改革开放和市场经济的考验，正确行使权力，过好金钱关、美色关、配偶子女关。"② 胡锦涛同志也强调："要立足教育，抓住树立正确的权力观这个关键，增强教育的针对性和有效性，筑牢反腐倡廉的思想道德防线。"③ 换句话说，就是"要从思想道德教育这个基础抓起，不断夯实廉洁从政的思想道德基础、筑牢拒腐防变的思想道德防线"④。加强理想信念教育，筑牢拒腐防变思想根基，就是要让党员干部明白，权力是人民赋予的，无论官位多高、权力多大，都只能用于为人民服务；就是要让党员干部明白，权力的行使和责任是紧密联系的，有权必有责，要主动自觉地接受监督，切实尊重和维护人民群众的知情权、参与权、监督权。

（三）开展党内集中教育是坚定理想信念的有效方式

在长期管党治党的实践中，我们党深刻认识到，

---

① 《邓小平文选》第二卷，人民出版社1994年版，第367页。
② 中共中央文献研究室编：《十五大以来重要文献选编》（中），人民出版社2001年版，第1539—1540页。
③ 中共中央文献研究室编：《十六大以来重要文献选编》（上），中央文献出版社2005年版，第711页。
④ 《全面加强新形势下的领导干部作风建设 把党风廉政建设和反腐败斗争引向深入》，《人民日报》2007年1月10日。

第三章　理想信念是共产党人精神上的"钙"

没有对马克思主义的信仰，没有对共产主义和社会主义的信念，党员干部就会精神懈怠、意志消沉，就会患上"软骨病"，就会对各种不正之风和腐败现象丧失"免疫力"，就经不住执政考验、改革开放考验、市场经济考验以及外部环境考验，最终会滑向违纪违法的深渊。"全面从严治党，光靠纪律是守不住的，必须立根固本，树立高尚精神追求，筑牢思想道德防线，努力解决好'不想'的问题。"[①]

开展党内集中教育是党员干部进行"自我革命"的重要途径。延安整风运动开创了党内集中教育活动的先河，既是一场深入的马克思主义思想教育运动，也是党的历史上第一次大规模整风运动。新中国成立之后党陆续开展了多次集中教育，内容和形式虽有不同，但加强党员干部党性修养和理论素养始终是重点任务。新中国成立不久，中央政治局扩大会议就决定从 1951 年起，用 3 年时间开展一次整党运动，重点解决党内思想不纯和组织不纯等问题。党的八大提出从 1957 年开始，在全党开展一次整风运动，对党员进行一次马克思列宁主义教育。改革开放后，党内教育得到了更为突出的重视，自 20 世纪 90 年代以来，我们

[①] 中共中央文献研究室编：《十八大以来重要文献选编》（中），中央文献出版社 2016 年版，第 764 页。

党先后开展了"三讲"教育活动、保持共产党员先进性教育活动、深入学习实践科学发展观活动、创先争优活动等。正如邓小平同志所说，对党员干部的教育，要贯穿改革开放全过程，如果抓不好，党和国家确实有可能发生"改变面貌"的问题。

党的十八大以来，中国共产党持续开展了多次集中性教育活动。2013年5月，在全党深入开展党的群众路线教育实践活动，围绕保持党的先进性和纯洁性，以为民务实清廉为主要内容，聚焦群众反映强烈的形式主义、官僚主义、享乐主义和奢靡之风，活动自上而下分两批开展，这次活动使党在群众中的威信和形象进一步树立，党心民心进一步凝聚。2015年，在县处级以上领导干部中开展"三严三实"专题教育，延展深化党的群众路线教育实践活动，着力解决理想信念动摇、信仰迷茫，滥用权力、不敢担当，无视党的政治纪律和政治规律等问题。2016年，在全体党员中开展"学党章党规、学系列讲话，做合格党员"学习教育，推动党内教育从"关键少数"向广大党员拓展，从集中性教育向经常性教育延伸，着力解决党员队伍在思想、组织、作风、纪律等方面存在的问题，努力使广大党员进一步增强"四个意识"，坚定理想信念、保持对党忠诚、树立风清气正、勇于担当的先锋模范

第三章 理想信念是共产党人精神上的"钙"

作用。2019年,在全党开展"不忘初心、牢记使命"主题教育,根本任务是深入学习贯彻习近平新时代中国特色社会主义思想,锤炼忠诚干净担当的政治品格,将力戒形式主义、官僚主义作为教育的主要内容,总要求是守初心、担使命、找差距、抓落实,广大党员普遍达到了理论学习有收获、思想政治受洗礼、干事创业敢担当、为民服务解难题、清正廉洁作表率的目标。2021年是中国共产党成立100周年,党中央在全党开展党史学习教育,要求学史明理、学史增信、学史崇德、学史力行,引导广大党员科学认识党的光辉历程,从党的历史经验中坚定理想信念,把握历史发展大势,深化对党的性质宗旨的认识,增强拒腐防变和抵御风险的能力和水平。通过党内集中教育,引导广大党员干部坚定理想信念是马克思主义政党的鲜明特色,是党的建设一以贯之的红线、党的思想建设的永恒主题。

二、坚定理想信念是加强党员质量建设的重要内容

是否具有坚定的理想信念,是衡量党员质量的重要方面。十月革命后,列宁根据执政党所处地位和肩

负任务的变化，更加强调党员质量，他说："徒有其名的党员，就是白给，我们也不要。世界上只有我们这样的执政党，即革命工人阶级的党，才不追求党员数量的增加，而注意党员质量的提高和清洗'混进党里来的人'。"① 也就是说，执政党只能吸收那些真正赞成共产主义、真正忠于工人国家的先进分子。

（一）理想信念的坚定与党的先进性密切相关

先进性是马克思主义政党的根本特性，是马克思主义政党存在、发展和壮大的一个永恒要求。马克思、恩格斯在《共产党宣言》中指出："在实践方面，共产党人是各国工人政党中最坚决的、始终起推动作用的部分；在理论方面，他们胜过其余无产阶级群众的地方在于他们了解无产阶级运动的条件、进程和一般结果。"② 也就是说，无产阶级政党的先进性很大程度上体现为理论上的先进性。列宁正是在这个意义上提出了"只有以先进理论为指南的党才能实现先进战士的作用"③ 的著名命题。党的先进性很大程度来自信仰的先进性。马克思主义主张实现人的自由解放全面发展、

---

① 《列宁选集》第四卷，人民出版社 1995 年版，第 51 页。
② 《马克思恩格斯选集》第一卷，人民出版社 1995 年版，第 285 页。
③ 《列宁选集》第一卷，人民出版社 1995 年版，第 312 页。

第三章 理想信念是共产党人精神上的"钙"

建立一个没有剥削和压迫的社会，为人类走向理想社会树起了崇高的精神灯塔，在人类思想史上占据着真理和道义的制高点，是最先进、最具道德力量的信仰。因为拥有马克思主义这种先进的信仰，我们党才能充分把握人类社会发展规律、洞察人类历史走向，以高度的历史主动精神引领人民追求解放，取得一个又一个胜利。正因为如此，我们才不断地强调党的自身建设，才不断地强调理想信念坚定的重要性。只有坚定地信仰马克思主义，坚持不懈推进马克思主义中国化时代化，才能以更宽广的视野、更长远的眼光增强预见性、把握规律性，更好指导中国实践、把握历史主动。

（二）理想信念的坚定与对党忠诚紧密联系

对党忠诚，是党章对党员的基本要求，是每个党员入党的庄严宣誓。我们党是中国特色社会主义事业的领导核心，党之所以坚强有力，关键在于全体党员对党忠诚。诸葛亮在《兵要》中曾说："人之忠也，犹鱼之有渊。鱼失水则死，人失忠则凶。"这句话的意思是，人要有忠诚的品德，就好比鱼要有水。鱼离开水就会死掉，人失去忠诚的品德也会很危险。这句话不仅对于一般人适用，对于共产党人同样适用。共产党人的忠诚不仅是绝对的、无条件的，而且还是具体的、有其特定内容的。所谓绝对的、无条件的含义是唯一的、彻底的、不掺杂任何杂质、没有任何水分的；所谓具体的含义就是不要抽象地、泛泛地谈论忠诚。正如习近平总书记所说，对党忠诚"必须体现到对党的信仰的忠诚上，必须体现到对党组织的忠诚上，必须体现到对党的理论和路线方针政策的忠诚上"①。"天下至德，莫大乎忠。"② 一个党员干部如果能够理解马克思主义，掌握其中贯穿的基本立场、观点、方法，深入认识共产党执政规律、社会主义建设规律、人类社会发展规律，那么他的理想信念坚定了，站位就高了，心胸就开阔了，遇到问题就能够做到"风雨不动安如山"，从而也就能严守党的政治纪律和政治规矩，始终在政治立场、政治方向、政治原则、政治道路上同党中央保持高度一致。

（三）理想信念的坚定是好干部的首要标准

政治路线确定之后，干部就是决定的因素。中国的事情能不能办好，一定意义上说关键在人，这里的人就是干部。重视干部的作用，是中国共产党成立一百年来的一条重要历史经验。什么是好干部？或者说

---

① 《习近平谈治国理政》第二卷，外文出版社2017年版，第189页。
② 《忠经·天地神明章第一》。

第三章 理想信念是共产党人精神上的"钙"

好干部的标准是什么？在不同的历史时期有不同要求，例如在革命年代主要是对党忠诚、英勇善战、不怕牺牲；在社会主义革命和建设时期，主要是懂政治、懂业务、又红又专；在改革开放初期，主要是有知识、懂专业、锐意改革。党的十八大之后，习近平总书记提出"二十字"标准，即信念坚定、为民服务、勤政务实、敢于担当、清正廉洁。其中，信念坚定是首要的，是排在第一位的。习近平总书记指出："理想信念坚定，是好干部第一位的标准，是不是好干部首先要看这一条。如果理想信念不坚定，不相信马克思主义，不相信中国特色社会主义，政治上不合格，经不起风浪，这样的干部能耐再大也不是我们党需要的好干部。"[1] 这里的理想信念坚定就是坚定共产主义远大理想，真诚信仰马克思主义，矢志不渝为中国特色社会主义而奋斗，坚持党的基本理论、基本路线、基本纲领、基本经验、基本要求不动摇。

三、坚定理想信念是巩固党的团结统一的基础

党的团结统一是无产阶级政党的一项基本原则，

---

[1] 《习近平谈治国理政》，外文出版社2014年版，第413页。

是党的生命。马克思、恩格斯多次强调团结和联合的重要性，他们说："国际的一个基本原则——团结。如果我们能够在一切国家的一切工人中间牢牢地巩固这个富有生气的原则，我们就一定会达到我们所向往的伟大目标。"[①] 列宁也强调巩固无产阶级专政必须讲团结，"保持党的统一和实现无产阶级先锋队的意志的统一是保证无产阶级专政胜利的基本条件"[②]。习近平总书记也强调，"保证党的团结统一是党的生命，也是我们党能成为百年大党、创造世纪伟业的关键所在"[③]。历史和现实都证明，党的团结统一是党和人民前途和命运所系，是全国各族人民根本利益所在，任何时候任何情况下都不能含糊、不能动摇。

（一）党的团结统一是在马克思主义原则基础上形成的

党的团结统一不是表面上的团结，不是形式上的团结，而是建立在统一的指导思想基础上的团结。无论是国际共产主义运动的历史，还是中国共产党的历史，都告诉我们统一的指导思想的重要性。从历史经

---

① 《马克思恩格斯全集》第十八卷，人民出版社1964年版，第180页。
② 《列宁全集》第四十一卷，人民出版社1986年版，第81页。
③ 《习近平谈治国理政》第四卷，外文出版社2022年版，第49页。

第三章　理想信念是共产党人精神上的"钙"

验来看，指导思想上的统一是与各种错误思想斗争的过程中实现的。例如，蒲鲁东主义和巴枯宁主义是第一国际时期影响最广、危害最大的两种机会主义思潮，马克思、恩格斯与蒲鲁东主义之间的斗争主要围绕着"国际"的性质和任务、无产阶级革命道路以及消灭私有制等方面展开。对于巴枯宁无政府主义的主张，马克思、恩格斯一方面领导第一国际对巴枯宁分裂"国际"和篡夺"国际"领导权的活动进行了斗争，另一方面从理论上批判了巴枯宁反对一切权威的观点，深化和发展马克思主义国家观。再比如，新康德主义和新黑格尔主义将马克思主义哲学污蔑为黑格尔唯心辩证法和费尔巴哈机械唯物论的"简单拼凑"，以此抹杀无产阶级与资产阶级世界观的根本区别，恩格斯专门写了《费尔巴哈论》这一著作对于他和马克思是怎么从黑格尔出发，经过费尔巴哈，最终创立历史唯物主义的过程作了一个比较详细的说明。此外，马克思、恩格斯还与拉萨尔主义、杜林主义、保尔·巴尔特的"技术经济史观"等错误思想进行针锋相对的斗争，等等。

中国共产党的历史也是如此。新民主主义革命早期，由于没有形成一个成熟的党中央领导集体，由于缺乏科学理论的指导，党的事业几乎夭折。在这一过程中，我们党与陈独秀的右倾机会主义、瞿秋白的"左"倾盲动错误、李立三的"左"倾冒险错误以及王明的"左"倾教条主义进行了激烈斗争。遵义会议之后开始形成以毛泽东同志为核心的党的领导集体，开始确立以毛泽东同志为主要代表的马克思主义正确路线在党中央的领导地位。党的七大召开前夕，中国共产党通过的《关于若干历史问题的决议》对党之前走过的历史进行了深刻反思，在这一决议的第三、四、五部分对党内错误特别是"左"倾错误路线的发展历程、主要表现、深层次社会根源等进行了详细总结。通过总结，我们党在指导思想上获得了空前统一，从而大大推进了新民主主义革命的胜利。《关于若干历史问题的决议》指出："党正是在克服这些错误的斗争过程中而更加坚强起来，到了今天，全党已经空前一致地认识了毛泽东同志的路线的正确性，空前自觉地团结在毛泽东的旗帜下了。"[1] 思想是行动的先导，理论是实践的指南。科学理论就像一面旗帜，旗帜立起来了，团结奋斗才有目标和方向；否则，就如同一艘航船没有导航仪，很容易迷失在茫茫大海中。

---

[1] 中共中央文献研究室、中央档案馆编：《建党以来重要文献选编》（一九二一——一九四九）第二十二册，中央文献出版社2011年版，第111页。

第三章 理想信念是共产党人精神上的"钙"

（二）思想上的统一是政治上团结的基础

思想上的统一、政治上的团结、行动上的一致，是党的事业不断发展壮大的根本所在。历史经验反复证明，只要全党步调一致、团结统一，我们就能无坚不摧，战胜一切艰难险阻和强大敌人；反之，党和国家事业就会遭受挫折。

党的政治建设是根本性建设，内在地规定着党的建设的方向和效果。习近平总书记指出，"要把党的政治建设摆在首位，以党的政治建设为统领"①，不抓党的政治建设或背离党的政治建设指引的方向，党的其他建设就难以取得预期成效。但是，党的思想建设作为基础性建设，重点针对的是思想问题，包括理想、信念及世界观、人生观、价值观等方面的问题，通过坚定理想信念，通过党的宗旨，为党的政治建设提供坚实的思想基础、精神动力和智力支持。另外，党的政治建设，重点针对的是政治问题，特别是违反党的政治纪律和政治规矩的现象。党的思想建设则强调党内团结问题和实现党内思想统一，因而党的思想建设的首要任务体现在坚定共产主义远大理想和中国特色

---

① 《把党的政治建设作为党的根本性建设　为党不断从胜利走向胜利提供重要保证》，《人民日报》2018年7月1日。

社会主义共同理想，为党的路线方针政策的制定、贯彻与执行提供思想基础保证。

在党的建设中，党的政治建设、思想建设、组织建设、作风建设、纪律建设、制度建设、反腐倡廉每一方面都很重要，是一个相互连贯、有机统一的系统。在这一系列建设中，党的思想建设是基础性的，为党的其他方面建设提供坚实的思想基础。例如，就思想建设和制度建设来说，制度建设是一种带有根本性、事关长远的建设，侧重于利用规矩、法规等"硬约束"来规约党的建设，制度好可以使坏人无法任意横行，制度不好会使好人无法充分做好事，各种价值目标需要一个载体，只有上升为党的正式的或非正式的制度才能上升为国家意志。但是，思想建设是制度建设的内核和前提，决定了制度建设的目标和方向。同时，党的思想建设的有效性制约着制度建设的成效，党员干部遵守纪律和规矩的积极性，要靠思想教育中理想信念是否切实转化为一种内在认同。

（三）在"两个确立"中巩固党的团结统一

中国共产党从一开始成立就坚决维护党的团结统一，致力于建立组织严密的无产阶级政党。在领导中国革命、建设、改革的伟大历史进程中，我们党与形

第三章 理想信念是共产党人精神上的"钙"

形色色的反对党的团结统一思想进行了持续不懈的斗争。例如，1937年毛泽东同志在《反对自由主义》一文中就列举了自由主义的十一种表现。中华人民共和国成立之后，针对一些地方出现的无组织、无纪律行为，毛泽东同志在《论十大关系》中重申了党中央权威和集中统一领导。改革开放之后，党的第二代中央领导集体特别强调维护党中央权威和集中统一领导，1988年9月邓小平同志在《中央要有权威》中指出："我的中心意思是，中央要有权威。改革要成功，就必须有领导有秩序地进行。没有这一条，就是乱哄哄，各行其是，怎么行呢？"[1] 1989年9月在《改革开放政策稳定，中国大有希望》中，他又一次指出："中央的话不听，国务院的话不听，这不行。特别是有困难的时候，没有中央、国务院这个权威，不可能解决问题。有了这个权威，困难时也能做大事。不能否定权威，该集中的要集中，否则至少要耽误时间。"[2] 在党中央的正确领导下，我们闯出了一条中国特色社会主义道路，实现了经济的飞跃式发展，其他各个方面也都取得了很大成绩。可见，坚决维护党的团结统一对党和国家的发展至关重要，是党的力量所在，什么时候党

---

[1] 《邓小平文选》第三卷，人民出版社1993年版，第277页。
[2] 《邓小平文选》第三卷，人民出版社1993年版，第319页。

中央坚强有力、富有权威，党和国家事业就生机勃勃、蓬勃发展，反之，则必然遭受挫折。

当前维护和巩固党的团结统一，必须深刻领会"两个确立"的决定性意义。"两个确立"实质上回答了两个问题：一个是组织问题，通过法定的组织程序，确立党的领导核心，决定党的领袖；另一个是思想理论问题，通过承前启后、继往开来，进行理论创新，确立党的指导思想。从实际过程来看，党的十八届六中全会确立习近平总书记党中央的核心、全党的核心地位，党的十九大确立习近平新时代中国特色社会主义思想的指导地位，党的十九届六中全会则以党的决议形式正式提出了"两个确立"。历史告诉我们，中国共产党之所以能够取得革命、建设、改革的伟大成就就在于在实践中形成了一个坚强、成熟、稳定的领导核心，就在于形成了把马克思主义基本原理同中国具体实际相结合的科学理论。从现实来看，新时代党和国家事业取得的历史性成就、发生的历史性变革，最根本原因在于习近平总书记作为党中央的核心、全党的核心掌舵领航，在于习近平新时代中国特色社会主义思想的科学指引。对未来而言，我们的目标是实现第二个百年奋斗目标、全面建成社会主义现代化强国，实现中华民族的伟大复兴。面对着未来的种种不确定性，只有毫不动摇地坚持"两个确立"，中国共产党才能成为中国式现代化发展道路的坚强领导，也才能为中华民族伟大复兴提供强大的理论支撑。

四、坚定的理想信念是践行初心使命的内在要求

为中国人民谋幸福、为中华民族谋复兴是中国共产党人的初心和使命。中国共产党一百多年之所以能够得到人民的拥护和支持，之所以能够取得一系列伟大成就，就在于我们历经沧桑而初心不改，就在于我们饱经风霜而使命依旧。2020年1月8日，习近平总书记在"不忘初心、牢记使命"主题教育总结大会上的讲话中强调："从石库门到天安门，从兴业路到复兴路，我们党近百年来所付出的一切努力、进行的一切斗争、作出的一切牺牲，都是为了人民幸福和民族复兴。正是由于始终坚守这个初心和使命，我们党才能在极端困境中发展壮大，才能在濒临绝境中突出重围，才能在困顿逆境中毅然奋起。"[①] 越是接近中华民族伟大复兴的关键时刻，越是全面建设社会主义现代化国家的紧要关头，我们越是要牢记、践行党的初心使命。

---

① 中共中央党史和文献研究院编：《十九大以来重要文献选编》（中），中央文献出版社2021年版，第377页。

（一）践行初心使命必须始终坚持人民至上

马克思主义认为，人民群众是历史的创造者，在社会历史发展中起着主体作用。人民群众是物质财富的创造者，是精神财富的创造者，是实现社会变革的最终决定力量。人民既是共产党人服务的对象，也是共产党人信仰的对象，"正像宗教徒三句话不离神灵一样，共产党人三句话不离'人民'。只要看一下我们党的重要文献，就可以看出'人民'是其中出现得最多的概念，而且是具有神圣性和神圣感的概念。正像神灵是宗教徒的精神力量源泉一样，人民是共产党人的力量源泉"[①]。

中国共产党作为马克思主义政党，始终从理论上确认人民群众的历史主体地位，在实践中把全心全意为人民服务作为党的根本宗旨。毛泽东同志指出，全心全意为人民服务是我们党的根本宗旨，一刻也不能脱离群众；群众路线是我们党的根本领导方法和工作方法。邓小平同志强调，要尊重群众的首创精神，要把"人民拥护不拥护""人民赞成不赞成""人民高兴不高兴""人民答应不答应"作为制定各项方针政策的出发点和归宿，要把是否有利于提高人民的生活水平

---

① 刘建军：《论马克思主义信仰的基本内容和主要结构》，《思想教育研究》2013年第3期。

第三章　理想信念是共产党人精神上的"钙"

作为判断各项工作是非得失的标准之一。习近平总书记在继承马克思主义群众史观的基础上，更进一步强调人民至上。"党的根基在人民、血脉在人民、力量在人民，人民是党执政兴国的最大底气。……党代表最广大人民根本利益，没有任何自己特殊的利益，从来不代表任何利益集团、任何权势团体、任何特权阶层的利益，这是党立于不败之地的根本所在。"[1] 坚持人民至上，就必须把人民放在心中最高位置，坚持人民的利益高于一切，把实现好、维护好、发展好最广大人民根本利益作为自己的价值追求，急群众之所急、想群众之所想，教育引导人民群众处理好局部利益和全局利益、眼前利益和长远利益的关系；就必须顺应人民群众对美好生活的向往，坚持以人民为中心的发展思想，以保障和改善民生为重点，发展各项社会事业，加大收入分配调节力度，使改革发展成果更多更公平地惠及全体人民，不断推进全体人民共同富裕；就必须尊重人民主体地位，保障人民当家作主，不断完善人民代表大会制度以及各项基本政治制度，坚持全过程协商民主，持续扩大人民群众政治参与，保证人民广泛参与国家和社会的各项具体事务。

---

[1] 《中国共产党第十九届中央委员会第六次全体会议文件汇编》，人民出版社2021年版，第95页。

（二）践行初心使命必须推进马克思主义中国化时代化

习近平总书记在二十大报告中指出，马克思主义是我们立党立国、兴党兴国的根本指导思想，"中国共产党为什么能，中国特色社会主义为什么好，归根到底是马克思主义行，是中国化时代化的马克思主义行"①。指导思想是一个政党的精神旗帜，中国共产党之所以能够完成近代以来各种政治力量都不可能完成的艰巨任务，就在于我们把马克思主义作为自己的行动指南，就在于我们坚持与时俱进在实践中不断丰富和发展马克思主义。在这一过程中，我们实现了马克思主义中国化的历史性飞跃，毛泽东思想是被实践证明了的关于中国革命和建设的正确的理论原则和经验总结；中国特色社会主义理论体系，科学回答了建设中国特色社会主义的发展道路、发展阶段、根本任务、发展动力、发展战略、政治保证、祖国统一、外交和国际战略、领导力量和依靠力量等一系列基本问题，实现了马克思主义中国化新的飞跃；习近平新时代中国特色社会主义思想，回答了新时代坚持和发展什么样的中国特色社会主义、

---

① 《中国共产党第二十次全国代表大会文件汇编》，人民出版社2022年版，第14页。

第三章　理想信念是共产党人精神上的"钙"

怎样坚持和发展中国特色社会主义，建设什么样的社会主义现代化强国、怎样建设社会主义现代化强国，建设什么样的长期执政的马克思主义政党、怎样建设长期执政的马克思主义政党等重大时代课题，实现了马克思主义中国化新的飞跃。这些理论成果对于我们党和国家战胜前进道路的困难和问题发挥了巨大作用。

实践发展永无止境，理论创新也永无止境。许多人都感叹理论变化快，实际上不是理论变化快，而是实践变化快。从当前情况来看，无论是时代变化，还是我国发展的广度和深度都远远超过了马克思主义经典作家当时的设想，同时我国还处在社会主义初级阶段，全面建设社会主义现代化国家还有许多新情况新问题需要我们在实践中大胆探索，需要我们坚持以正在做的事情为中心，聆听时代声音，更加深入地推进马克思主义中国化时代化，正如党的二十大报告指出："我们必须坚持解放思想、实事求是、与时俱进、求真务实，一切从实际出发，着眼解决新时代改革开放和社会主义现代化建设的实际问题，不断回答中国之问、世界之问、人民之问、时代之问，作出符合中国实际和时代要求的正确回答，得出符合客观规律的科学认识，形成与时俱进的理论成果，更好指导中国实践。"[①]

[①]《中国共产党第二十次全国代表大会文件汇编》，人民出版社2022年版，第15页。

第四章　理想信念的坚定来自思想理论的坚定

人无精神则不立，国无精神则不强。理想信念是一个国家、一个民族赖以生存的灵魂。中国共产党已经走过了百年奋斗历程，在全面建设社会主义现代化国家、全面推进中华民族伟大复兴的新征程中，不论条件如何变化，不论遇到什么样的风险挑战，我们都要保持理想信念的坚定。习近平总书记强调："把理想信念建立在对科学理论的理性认同上，建立在对历史规律的正确认识上，建立在对基本国情的准确把握上"[1]。也就是说，中国共产党人理想信念的坚定不是盲目的，而是科学的，它建立在对真理、规律以及国情的科学认识和把握的基础之上。

一、理想信念建立在科学理论的理性认同上

何为理性认同？要想回答这一问题，必须先弄清

---

[1] 中共中央文献研究室编：《十八大以来重要文献选编》（上），中央文献出版社 2014 年版，第 278 页。

第四章 理想信念的坚定来自思想理论的坚定

楚什么是"认同"。"认同"表达的是一种心理感受,是一种身份感、确认感和归属感。按照不同的标准,可以把认同分为不同的种类。例如,按照对象的不同,可以把认同分为情感认同、利益认同、制度认同、自律认同等。例如,按照是理性还是非理性的,可以把认同分为非理性认同和理性认同。非理性认同认为,认同是一种由生活环境、家庭熏陶、生活经历等因素决定的心理上的依附。理性认同则强调,认同是理性的,或者说更多的是主体自身理性选择的结果。二者相比,非理性认同更多地表达一种盲目性,或者更多地强调非理性因素的作用;理性认同则相反,它更多地强调理性因素的作用,就好比"没有无缘无故的爱,也没有无缘无故的恨""爱是需要理由的"等等。

(一)在理论的比较选择中增强理性认同

理性认同的形成不是一蹴而就的,它有一个发生发展的过程。从党的历史上一些优秀领导人的思想历程来看,我们能够发现信仰马克思主义的过程是一个不断选择、不断比较的过程。例如,陈云同志曾经以自己亲身经历回顾接受马克思主义的过程,在1938年9月《论干部政策》一文中说:"拿我自己来说,我的背景就非常复杂。我先是相信吴佩孚的,后来相信国家主义，后来又相信三民主义，最后才相信共产主义，因为经过比较，认识到共产主义是最好的主义。"① 之所以在一开始相信吴佩孚，因为五四运动爆发后，吴佩孚以"爱国军人"姿态，反对在巴黎和约上签字，主张取消中日密约；后来相信国家主义，是因为20世纪20年代，中国的一些大地主大资产阶级的政治代表曾经大力鼓吹国家主义，打着爱国的旗号，曾经一度蒙蔽过许多青年知识分子；再后来相信三民主义，即孙中山提出的民族主义、民权主义、民生主义，是因为联俄、联共、扶助农工的新三民主义，对当时的许多青年人是有吸引力的；最后，经过比较，经过实践，陈云同志才最终选择信仰马克思主义、信仰共产主义。

上述虽然是个案，但是如果我们仔细研究历史上党的诸多领导人信仰马克思主义的思想历程，就能够发现这不是偶然，而是一个带有普遍性的规律，即他们接受马克思主义绝不是轻易下定的决心，绝不是一时的冲动，而是经过反复的比较和斗争实践的检验，最终才确立的。之所以必须经过这样一个过程，是因为每一个人都是从一定社会中成长起来的，不可避免受到该社会中各种思想、各种传统的影响。具体到革

---

① 《陈云文选》第一卷，人民出版社1995年版，第111页。

第四章　理想信念的坚定来自思想理论的坚定

命时期，剥削阶级中存在的各种落后、愚昧、自私自利、尔虞我诈、互相损害等现象，必然对人们产生影响。此外，现实生活中存在的一些重大事件、一些重大矛盾，人们并不是一开始就能认识得那么准确、那么清楚。因此，对于每一个人来说，要树立共产主义的理想信念，要树立马克思主义的坚定信仰，就必须克服这些非无产阶级的、非马克思主义的，甚至是反马克思主义思想的影响，必须真正了解这些思想的谬误之处，最终才能走到科学的道路上来。

（二）在历史性成就的感悟中增强理性认同

马克思主义哲学强调动机和效果的统一，主张联系动机看效果，透过效果看动机。毛泽东同志曾指出："我们是辩证唯物主义的动机和效果的统一论者。为大众的动机和被大众欢迎的效果，是分不开的，必须使二者统一起来。"[①] 以此作为方法论来看中国共产党人所坚持的理想信念，从动机上看，无论是马克思主义，还是中国特色社会主义，它们的创立都是为绝大多数人利益这一崇高目的。在马克思之前，社会上占统治地位的理论都是为统治阶级服务，马克思主义第一次

---

① 《毛泽东选集》第三卷，人民出版社1991年版，第868页。

站在人民的立场探求建立一个没有剥削、没有压迫、人人平等、人人自由的理想社会。中国特色社会主义也是以增进人民福祉为奋斗目标的，邓小平同志曾多次指出，贫穷不是社会主义，社会主义要消灭贫穷，不发展生产力，不提高人民生活水平，不符合社会主义的要求。

另一方面，更重要的是，我们还要看效果。动机与效果相比，效果更为关键、更为根本。马克思主义产生之后，在人类思想史上没有一种理论像马克思主义那样对人类产生如此广泛而深刻的影响。例如，在世界范围内马克思主义政党如雨后春笋般地建立起来了，十月革命打破了资本主义一统天下的世界格局，社会主义从理论变成现实，包括中国在内的一大批社会主义国家诞生，一大批获得独立和解放的民族国家建立起来，彻底瓦解了帝国主义的殖民体系，等等。马克思主义不仅改变了世界，也改变了中国。鸦片战争之后，中国沦为半殖民地半封建社会，马克思主义为中国人民指明了前进的方向，我们相继完成了新民主主义革命和社会主义革命，建立了中华人民共和国和社会主义基本制度，实现了中华民族从东亚病夫到站起来的伟大飞跃。改革开放之后，中国共产党人又开创了中国特色社会主义。改革开放的几十年，对于

第四章　理想信念的坚定来自思想理论的坚定

漫长的人类历史长河来说无非"弹指一挥间",但正是这短短的几十年,中国走完了西方发达国家几百年的工业化历程,在中国人民手中,不可能成为可能,创造了令世界瞩目的"东方奇迹"。中华民族大踏步赶上了时代,迎来了从站起来到富起来的伟大飞跃。

特别需要指出的是,十八大之后中国特色社会主义进入新时代。在全球经济低迷、保护主义日益抬头的情形下,我们依然能够保持经济中高速增长,2012年和2013年的增长速度为7.7%,2014年为7.3%,2015年为6.9%,2016年为6.7%,2017年为6.8%,2018年为6.6%,2019年为6.1%,在世界主要国家中名列前茅。2020年,面对突如其来的新冠疫情、世界经济深度衰退等多重冲击,中国经济在全球主要经济体中唯一实现经济正增长,全年国内生产总值增长2.3%。2021年,我国经济发展继续保持全球领先地位,比上年增长8.1%。2020年我国国内生产总值约达101.6万亿元人民币,2021年约达114.4万亿元,中国特色社会主义事业在经济、政治、文化、社会、生态文明、党的建设等领域中持续深入推进,全社会都呈现出经济发展、政治清明、文化繁荣、社会和谐、生态改善、党的先进性和纯洁性不断提高的良好态势,党和国家事业取得全方位、开创性历史成就,发生深层次、根本性历史性变革。实践证明，正是马克思主义、中国特色社会主义使中国这个古老的东方大国创造了人类历史上前所未有的人间奇迹。

（三）在与其他国家的对比中增强理性认同

有比较才有鉴别，有比较认识才深刻。对马克思主义、中国特色社会主义的认识也是如此，只有通过与世界上其他国家的比较，我们的理解才能更深刻。近年来，世界格局正处在大发展大变革大调整时期，世纪疫情影响深远，逆全球化思潮抬头，单边主义、保护主义明显上升，世界经济复苏乏力，地区冲突频繁发生，恐怖主义、难民潮等全球性挑战此起彼伏，各国发展不平衡加剧，世界面临的不确定、不稳定因素增加。以1991年冷战结束为时间点，几乎所有西方主要国家与美国的差距都在拉大，例如，日本的经济总量由占美国的65%减少到25%左右，德国由50%减少到20%左右。

美国自身，也面临着一系列问题，特别是以政党轮替、三权分立为特征的政治体制模式，正在暴露出难以克服的弊端和局限。历史上，美国民主的发展有其进步性，政党制、代议制、一人一票、三权分立等是对欧洲封建专制的否定和革新。《独立宣言》、《权利

第四章　理想信念的坚定来自思想理论的坚定

法案》、废奴运动、民权运动、平权运动等成为了美国民主进程中的亮点。林肯的"民有、民治、民享"三原则更是脍炙人口。但是，随着时间的推移，美国的民主制度逐渐异化和蜕变，已经越来越背离民主制度的内核和制度设计的初衷。美式民主沦为"金钱政治"，成了建立在资本基础上的"富人游戏"。美国民众不得不面对的事实是，金钱政治贯穿美国选举、立法、施政的所有环节，只有口袋里有足够多资本的人才能享受宪法规定的民主权利。名为"一人一票"，实为"少数精英统治"。"多元政治"只是一种表面现象，精英们把持政治、经济、军事等方面的统治地位，行使各种特权。在"驴象之争"背景下，两党始终将大众政治参与限定在狭小范围。对于普通选民而言，选举时召之即来，选举后挥之即去，大多数人都只是选举游戏的"群众演员"。"民治"在美国政治实践中很难有所体现，权力制衡变成"否决政治"。相比之下，中国却在世界乱局中保持了经济发展、人心凝聚、社会和谐、大局稳定。现在，中国正在前所未有地走近世界舞台中央，正在前所未有地接近实现中华民族伟大复兴的中国梦，正在前所未有地具有实现这个目标的信心和能力。任何一个明眼的人、公道的人，都会发自内心地认可马克思主义、中国特色社会主义，都会承认中国特色社会主义所展现出来的道路、理论、制度、文化的显著优势。

二、理想信念建立在历史规律的正确认识上

马克思主义揭示了人类历史发展的一般规律。我们知道,一般规律的实现是与一定的社会条件相联系的,同一个规律在不同的国家和民族,表现出与一定的具体条件相联系的特殊性。从这个意义上看,中国特色社会主义就反映了人类社会发展的一般规律与中国具体实际相结合的特殊性。这就要求我们一方面要科学认识和理解一般规律,特别是理解一般规律起作用的方式;另一方面还要了解一般规律在不同国家和民族中发生作用的实际过程,即在具体的经验教训的总结中去深化和拓展这些规律。

(一)从长时段上把握历史规律

人类社会起源于自然界,但是又高于自然界。从规律起作用的方式来看,自然界的规律是铁的规律,是立竿见影的,是每时每刻都起作用的规律,对每个自然现象都毫无例外。人类历史规律则不同,"社会规律是大尺度规律,它起作用的时间有的需要几十年甚

第四章　理想信念的坚定来自思想理论的坚定

至几百年"①。例如，生产力决定生产关系的规律，与生产力发展相适应的生产关系往往要经过很多年才能逐步形成，从封建社会基础上建立完善的资本主义经济制度经历了很长时期；中国从半殖民地半封建社会向现代社会转变也经过了很长的时间，如果从鸦片战争算起有一百多年，经过一百多年才完成了改变中国半封建半殖民地向现代社会的转变。社会规律的长时段特征，要求我们在看待历史现象的时候一定要有一个宏阔的视野。这就是为什么习近平总书记思考历史的维度总是50年、100年、几百年，甚至几千年。例如，他总是联系5000多年中华文明史来思考中华民族的前途命运，联系500多年世界社会主义发展史来认识社会主义运动的前进方向，联系中国近代以来180多年奋斗史来理解中华民族伟大复兴的正确道路，联系100年革命、建设、改革的历程来把握党的历史方位和历史使命，等等。

（二）用唯物、联系、辩证的方法分析历史现象

马克思主义的创立使得人们科学认识人类社会发

---

① 本刊记者：《历史唯物主义：是什么　为什么　怎么用——访中国社会科学院马克思主义研究院特聘研究员陈先达教授》，《马克思主义研究》2010年第7期。

展的历史成为可能。当前，学习运用马克思主义，特别是其中的哲学智慧在中国社会的方方面面都有深度要求。这就要求我们在方法论上坚持用唯物、联系、辩证的方法分析和研究所面临的一系列现象。

历史唯物主义建立的基础是社会存在决定社会意识的原理，这一原理要求我们在分析历史现象的时候抛开一切唯心主义的"空想"，从历史事实出发去理解历史、评价历史。历史结论只能是通过对历史事实的科学分析中得出，而不能通过个人的主观意愿、爱好、感想得到，更不能通过别有用心的杜撰得到。例如，社会中有些人无视历史事实，无视在战争中牺牲的数以千万计的无辜生命，一再否认甚至美化侵略历史，这本身是一种历史虚无主义的表现，它从根本上违背了社会存在决定意识的原理。研究历史只能有一个出发点、立脚点，即历史事实。只有尊重历史事实，一切从历史事实出发，才是真正的历史科学。这里的历史事实强调的是"全部""主流"，而不是"局部""支流"。除了歪曲历史、篡改历史之外，历史虚无主义还利用"支流"否定"主流"，利用"局部"否定"全部"。例如，针对利用革命领袖的一些错误对革命领袖进行全盘否定的行为，习近平总书记指出，革命领袖是人不是神，尽管他们拥有很高的理论水平、丰

第四章　理想信念的坚定来自思想理论的坚定

富的斗争经验、卓越的领导才能，但这并不意味着他们的认识和行动可以不受时代条件限制，"也不能因为他们有失误和错误就全盘否定，抹杀他们的历史功绩，陷入虚无主义的泥潭"①。

除了要关注历史唯物主义的"唯物主义"特性之外，还必须关注其辩证法特性。在传统马克思主义哲学的理解结构中，历史唯物主义是一个与辩证法存在严格分界线的理论板块。实际上，从某种意义上看，辩证法是通向历史唯物主义的一座桥梁。在历史唯物主义的理论中，处处彰显着辩证法的力量。这就要求我们分析历史现象要注意运用联系和辩证的方法。例如，在对历史人物进行评价时不能用现在的时代条件、发展水平、认识水平去衡量和要求前人。正如习近平总书记指出的："对历史人物的评价，应该放在其所处时代和社会的历史条件下去分析，不能离开对历史条件、历史过程的全面认识和对历史规律的科学把握，不能忽略历史必然性和历史偶然性的关系。不能把历史顺境中的成功简单归功于个人，也不能把历史逆境中的挫折简单归咎于个人。"②

用联系、辩证的方法去研究历史，必须坚持历史

---

① 习近平：《论中国共产党历史》，中央文献出版社 2021 年版，第 57 页。
② 习近平：《论中国共产党历史》，中央文献出版社 2021 年版，第 56—57 页。

连续性与阶段性的统一。历史是一个过程，各个不同时期不是相互割裂的，而是具有连续性的，共同组成一个有机统一的整体；与此同时，各个不同时期又有其特殊性，不同的历史阶段解决不同的历史任务，呈现出很大的区别。以此来看改革开放前后两个历史时期，虽然这两个历史时期在思想指导、方针政策、实际工作上有很大差别，但是二者不是彼此割裂的，一定要联系地看、辩证地看。正如习近平总书记所说："这是两个相互联系又有重大区别的时期，但本质上都是我们党领导人民进行社会主义建设的实践探索。中国特色社会主义是在改革开放历史新时期开创的，但也是在新中国已经建立起社会主义基本制度、并进行了20多年建设的基础上开创的。"[1] "不能用改革开放后的历史时期否定改革开放前的历史时期，也不能用改革开放前的历史时期否定改革开放后的历史时期。"[2]

（三）在经验教训的总结中深化和拓展历史规律

历史规律的一个突出特征在于它属于理性认识。作为一种理性认识，它的产生离不开具体经验的总结。

---

[1]《习近平谈治国理政》，外文出版社2014年版，第22页。
[2]《习近平谈治国理政》，外文出版社2014年版，第23页。

第四章　理想信念的坚定来自思想理论的坚定

感性认识是对事物外部形态的直接的、具体的反映。感性认识包括感觉、知觉、表象三个层次，它们都只反映了事物的现象、各个片面和外部联系。理性认识则与此不同，它是认识的高级形式。马克思主义认为，人的一切真理性认识都是从实践的产物——经验开始的，总结经验就是在实践的基础上，不断把感性认识上升为理性认识的发展过程。因此，在中国共产党100年历史发展的过程中，我们党总是特别强调历史经验的总结，总是通过一次又一次历史经验的总结来深化对理论的理解和认识。例如，《中共中央关于党的百年奋斗重大成就和历史经验的决议》就把我们党建党100年来积累的宝贵经验概括为坚持党的领导、坚持人民至上、坚持理论创新、坚持独立自主、坚持中国道路、坚持胸怀天下、坚持开拓创新、坚持敢于斗争、坚持统一战线、坚持自我革命。这十条经验是党和人民共同创造的精神财富，从核心力量、最大底气、指导思想、重要原则、正确道路、高远追求、不竭动力、精神力量、重要法宝等方面揭示了党和人民事业不断成功的根本保证，党始终立于不败之地的力量源泉，党始终掌握历史主动的根本原因，党始终走在时代前列的根本途径。

邓小平同志曾指出："历史上成功的经验是宝贵财

富,错误的经验、失败的经验也是宝贵财富。"① 我们党始终保持自我革新和勇于纠错的精神,持续不断地从错误中学习。对此,邓小平同志在1985年8月会见坦桑尼亚联合共和国总统尼雷尔的谈话中,就指出了改革开放这一历史性决策与"文革"时期所犯错误的密切相关性,"那个革命搞了三十几年。但是在建立社会主义经济基础以后,多年来没有制定出为发展生产力创造良好条件的政策。社会生产力发展缓慢,人民的物质和文化生活条件得不到理想的改善,国家也无法摆脱贫穷落后的状态。这种情况,迫使我们在一九七八年十二月召开的党的十一届三中全会上决定进行改革"②。从这段话中,我们能够看出来如果没有那些"左"的时期,如果没有那些"左"的政策,如果没有那些"左"的错误,我们在改革开放之后也不会坚决转变工作重点,也不可能心无旁骛、一心一意搞经济建设。同样的道理,十八大之后以习近平同志为核心的党中央正是看到了我们党、我们国家在之前所犯的一些错误,进而通过不断加强党的政治、思想、组织、作风、制度等方面的建设来纠正这些错误,最终才使我们党和国家发生历史性的变化,才极大地提振

---

① 《邓小平文选》第三卷,人民出版社1993年版,第234—235页。
② 《邓小平文选》第三卷,人民出版社1993年版,第134页。

了党心、民心。历史和现实反复证明，向错误学习，通过不断地吸取错误中所蕴含的深刻教训来实现自我革新、自我完善，这是我们党成功的重要法宝。

三、理想信念建立在基本国情的准确把握上

从中国共产党自身的经验来看，什么时候科学地认识国情，我们的事业就顺利；什么时候在国情的认识上不科学，我们的事业就遭受损失。在革命时期，无论是右的错误，还是"左"的错误，都根源于国情认识上的错误。正因为没有认识到中国工人阶级力量比较小，农民占多数，社会情况非常复杂；正因为没有认识到中国是一个经济文化十分落后且发展极不平衡的半殖民地半封建大国，所以在革命的性质、领导权、道路、对象、同盟军、前途等一系列问题上得出错误的结论。相反，毛泽东同志之所以能够领导中国革命取得成功，就是因为他牢牢把握住了中国半殖民地半封建社会的特殊国情。当然国情不是一成不变的，随着历史阶段、主要任务的变化我们对国情的认识也在逐步深入。对马克思主义，特别是对中国特色社会主义的理想信念就建立在社会主义初级阶段这一中国最大的国情之上。

（一）没有局限于经典作家的设想和认识

我国仍处于并将长期处于社会主义初级阶段，这就是我国的基本国情。这一认识，一方面我们没有局限于马克思、恩格斯对未来社会的设想。马克思和恩格斯根据欧洲资本主义发展的具体情况，对未来的社会发展阶段进行了大胆预测，他们认为人类是一个由低级阶段向高级阶段发展的历史过程，是一个从片面发展向全面发展逐步推进的过程。资本主义私有制被废除之后，人类必将进入共产主义。共产主义本身也要经历一个极其艰难而漫长的过程，也要经历一个从低级到高级、从不成熟到成熟、从不完善到完善的过程。按照经济发展程度和社会成熟程度的不同，可以把共产主义社会区分为"第一阶段"和"高级阶段"。共产主义社会的第一阶段是刚刚从资本主义社会中产生出来的，由于社会生产力发展水平的制约，在经济、道德和精神方面还带着脱胎出来的旧社会的痕迹，因此经济和社会发展还存在许多不成熟、不完善的地方。共产主义社会的高级阶段是在第一阶段充分发展和高度发展的基础上才能实现，到了高级阶段，物质财富极大丰富，人民精神境界极大提高，每个人自由而全面地发展。马克思、恩格斯在科学社会主义发展史上第一次提出并确立了共产主义社会的发展阶段问题，但是他们只是对共产主义作了大的阶段上的划分，并没有涉及社会主义社会的发展阶段问题。

另一方面，我们还突破了列宁对发展阶段的认识。列宁在《国家与革命》中正式把共产主义社会的第一阶段称为社会主义社会，把共产主义社会的高级阶段称为共产主义社会。列宁正确地认识到建设社会主义的过程是一个长期的探索过程，他说，为了建设社会主义，"我们准备忍受几千个困难，准备作几千次尝试，而且，我们在作了一千次尝试以后，准备去作一千零一次尝试"[①]。但是，由于领导苏联社会主义实践的时间太短，对于社会主义究竟要经历哪几个阶段才能达到共产主义没有作出明确的说明。社会主义初级阶段的认识明确了社会主义不仅有一个初级阶段，还有一个社会主义制度的巩固和发展阶段，并且后一个阶段和前一个阶段相比，需要的时间可能更长，任务可能更艰巨。

（二）社会主义初级阶段理论的提出过程

必须看到，认识国情不是一蹴而就的，而是有一

---

① 《列宁全集》第三十四卷，人民出版社 1985 年版，第 379 页。

个过程。这个过程大致可以分成三个阶段。第一阶段是从1978年十一届三中全会到1987年党的十三大之前。在这一阶段我们党对国情已经有了一些零星的阐发,例如,邓小平同志1980年4月21日在会见阿尔及利亚民族解放阵线代表团时的谈话中指出:"现在我们正在总结建国三十年的经验。总起来说,第一,不要离开现实和超越阶段采取一些'左'的办法,这样是搞不成社会主义的。"① 1981年《关于建国以来党的若干历史问题的决议》指出,"社会主义制度还是处于初级的阶段";1982年中共十二大报告指出,"我国的社会主义社会现在还处在初级的发展阶段";1986年《中共中央关于社会主义精神文明建设指导方针的决议》再一次指出,中国还处在社会主义初级阶段。但是从上述谈到的情况来看,任何一个地方都不系统、不全面,还没有充分认识这一概念的重要意义,也还没有有意识地以此作为党的方针政策的理论基础。

第二阶段是1987年党的十三大前后。这一时期的特点是我们党全面地、系统地提出了关于国情的社会主义初级阶段理论,并从正面、反面以及特征三个方面详细地展开。党的十三大报告明确指出:"正确认识

---

① 《邓小平文选》第二卷,人民出版社1994年版,第312页。

第四章 理想信念的坚定来自思想理论的坚定

我国社会现在所处的历史阶段，是建设有中国特色的社会主义的首要问题，是我们制定和执行正确的路线和政策的根本依据。对这个问题，我们党已经有了明确的回答：我国正处在社会主义的初级阶段。这个论断，包括两层含义。第一，我国社会已经是社会主义。我们必须坚持而不能离开社会主义。第二，我国的社会主义社会还处在初级阶段。我们必须从这个实际出发，而不能超越这个阶段。"这里明确指出了"社会主义初级阶段"是什么，从两个方面作了正面的回答，并且明确指出要以此作为制定路线政策的根本依据。除了正面的回答外，还从反面说明了社会主义初级阶段不是什么。"它不是泛指任何国家进入社会主义都会经历的起始阶段"，"既不同于社会主义经济基础尚未奠定的过渡时期，又不同于已经实现社会主义现代化的阶段"，"阶级斗争在一定范围内还会长期存在，但已经不是主要矛盾"。除了从正面和反面两个方面来论述国情之外，还从特征的角度作了说明。从时间上看，从20世纪50年代生产资料私有制的社会主义改造基本完成，到社会主义现代化的基本实现，至少需要上百年时间。从主要矛盾上看，是人民日益增长的物质文化需要同落后的社会生产之间的矛盾。从一些具体特征上看，是逐步摆脱贫穷、摆脱落后的阶段；是由农业人口占多数的手工劳动为基础的农业国,逐步变为非农业人口占多数的现代化的工业国的阶段;是由自然经济半自然经济占很大比重,变为商品经济高度发达的阶段;是通过改革和探索,建立和发展充满活力的社会主义经济、政治、文化体制的阶段;是全民奋起,艰苦创业,实现中华民族伟大复兴的阶段;等等。

第三阶段是从1992年党的十四大到1997年党的十五大。在1997年9月12日,党的十五大报告在十三大报告的基础上,又概括出社会主义初级阶段的九个基本特征:第一,是逐步摆脱不发达状态,基本实现社会主义现代化的历史阶段;第二,是由农业人口占很大比重、主要依靠手工劳动的农业国,逐步转变为非农业人口占多数、包含现代农业和现代服务业的工业化国家的历史阶段;第三,是由自然经济半自然经济占很大比重,逐步转变为经济市场化程度较高的历史阶段;第四,是由文盲半文盲人口占很大比重、科技教育文化落后,逐步转变为科技教育文化比较发达的历史阶段;第五,是由贫困人口占很大比重、人民生活水平比较低,逐步转变为全体人民比较富裕的历史阶段;第六,是由地区经济文化很不平衡,通过有先有后的发展,逐步缩小差距的历史阶段;第七,是

第四章　理想信念的坚定来自思想理论的坚定

通过改革和探索，建立和完善比较成熟的充满活力的社会主义市场经济体制、社会主义民主政治体制和其他方面体制的历史阶段；第八，是广大人民牢固树立建设中国特色社会主义共同理想，自强不息，锐意进取，艰苦奋斗，勤俭建国，在建设物质文明的同时努力建设精神文明的历史阶段；第九，是逐步缩小同世界先进水平的差距，在社会主义基础上实现中华民族伟大复兴的历史阶段。这样的历史进程，至少需要100年时间。

区分社会主义初级阶段并不是单纯为了对社会主义发展阶段进行划界，它的重要性体现在，划分阶段意味着尊重国情、尊重实际，初级阶段是一系列路线、方针、政策的出发点和归宿，是决策的根本依据。改革开放之前之所以犯一系列错误就是没有从社会主义初级阶段这一基本国情出发。在明确社会主义处于初级阶段这一基本国情后，我们提出了基本路线，即领导和团结全国各族人民，以经济建设为中心，坚持四项基本原则，坚持改革开放，自力更生，艰苦创业，为把我国建设成为富强、民主、文明的社会主义现代化国家而奋斗。

（三）把基本国情与阶段性特征结合起来

在认识基本国情之后，我们党还特别注意不同阶段的阶段性特征。例如，党的十九大作出中国特色社会主义进入新时代的重大论断，这一重大论断的提出并没有改变"我国仍处于并将长期处于社会主义初级阶段的基本国情"，但是在新时代之前与新时代之后，我们的主要矛盾发生了变化。在此之前，我国的社会主要矛盾是人民日益增长的物质文化需要同落后的社会生产之间的矛盾，现在则转化成人民日益增长的美好生活需要和不平衡不充分的发展之间的矛盾。也就是说，经过长期努力，我国社会生产力水平总体上显著提高，社会生产能力在很多方面已经进入世界前列，我国长期所处的短缺经济和供给不足的状况已经发生了根本性改变，面临的突出问题不再是"落后的社会生产"，而是发展的不平衡不充分。同时，现在不能只讲"物质文化需要"，只讲"物质文化需要"已经不能反映人民群众的愿望和诉求，因为人民群众不仅对物质文化的质量提出更高要求，而且需要的范围日益广泛，在民主、法治、公平、正义、安全、环境等方面的需求日益增长。也就是说，社会主义初级阶段是一个长期的历史过程，在这一长期的历史过程中又可以分为不同的阶段，社会主要矛盾的变化就是不同历史阶段阶段性特征的具体体现。

　　把基本国情与阶段性特征结合起来，就是要求我们一方面立足基本国情,社会主义的根本任务是解放和发展生产力,发展仍然是解决我国一切问题的关键,要坚持以经济建设为中心,不仅在经济总量低时立足初级阶段,在经济总量提高之后也要立足初级阶段,推动我国社会生产力持续不断地向前发展。另一方面要注意阶段性特征的变化,要看到我国生产力水平不平衡和布局还很不均匀,许多领域还存在这样那样的短板,农村和中西部地区经济社会发展还比较落后,部分群体之间收入分配的差距仍然较大,因此必须要着力解决好发展不平衡不充分问题,更好地推动人的全面发展,更好地推动社会的全面进步。

第五章　坚定马克思主义信仰

习近平总书记指出:"对马克思主义的信仰,对社会主义和共产主义的信念,是共产党人的政治灵魂,是共产党人经受住任何考验的精神支柱。"① 党的十八届六中全会审议通过的《关于新形势下党内政治生活的若干准则》强调:"全党同志必须把对马克思主义的信仰、对社会主义和共产主义的信念作为毕生追求,在改造客观世界的同时不断改造主观世界,解决好世界观、人生观、价值观这个'总开关'问题。"② 坚定马克思主义信仰,必须认识、理解马克思主义,必须准确把握马克思主义的科学性、人民性、实践性和开放性,深刻感受马克思主义的真理力量、道义力量、实践力量和创新力量。

一、马克思主义具有真理的力量

马克思主义理论博大精深,是迄今为止最科学、

---

① 《习近平谈治国理政》,外文出版社2014年版,第15页。
② 《关于新形势下党内政治生活的若干准则》,人民出版社2016年版,第6页。

最严密、最有生命力的理论体系。列宁指出:"马克思学说具有无限力量,就是因为它正确。它完备而严密,它给人们提供了决不同任何迷信、任何反动势力、任何为资产阶级压迫所作的辩护相妥协的完整的世界观。"① 马克思创建了唯物史观和剩余价值学说,揭示了人类社会发展的一般规律,揭示了资本主义运行的特殊规律,为人类指明了从必然王国向自由王国飞跃的途径,为人民指明了实现自由和解放的道路。就科学性和真理性而言,在人类思想史上,还没有一种思想理论能像马克思主义那样对世界历史产生如此巨大的影响。在世纪之交的"千年第一思想家"的评选中,马克思名列前茅,足以说明马克思对世界、对人类社会的影响之大,足以说明马克思主义所具有的真理力量。

(一)马克思主义的真理力量在于它的内容是科学的

马克思主义包括马克思主义哲学、政治经济学和科学社会主义三部分,批判吸收了德国古典哲学、英国古典政治经济学和法国空想社会主义的优秀思想成果,建立在总结人类发展历史经验的基础上,科学揭

---

① 《列宁选集》第二卷,人民出版社1995年版,第309页。

示了自然界、人类社会和人类思维一般规律。马克思主义哲学批判吸收黑格尔辩证法的"合理内核"和费尔巴哈唯物论的"基本内核",提出了世界统一于物质的命题,分析了事物间的普遍联系和发展的两大基本原则,事物发展运动遵循的三大基本规律,以及认识能动反映的原理,呈现出了世界运动发展基本规律的一系列原理,深刻揭示了客观世界发展一般规律。同时,把辩证唯物主义运用到社会历史领域,回答了历史观领域的基本问题,即社会存在决定社会意识的原理,提出了人类社会发展遵循两大基本矛盾运动规律,以及人民群众创造历史的基本原理,深刻揭示了人类社会发展一般规律。马克思主义政治经济学以马克思主义哲学为基础,从商品开始分析,提出了劳动价值理论、商品生产和交换理论,尤其是发现了剩余价值理论,使我们对资本主义经济危机、垄断资本主义的未来发展有了清晰的认识,对资本主义必然被新的社会形态所替代的趋势更加坚定。科学社会主义揭示了社会主义社会必然替代资本主义社会的历史发展趋势,让我们认识到人类社会从资本主义社会向社会主义、共产主义社会发展是一个不以人的意志为转移的客观自然历史进程,也是人类社会从必然王国跃向自由王国的有效途径。

（二）马克思主义的真理力量在于它的方法论是科学的

马克思主义是科学世界观和科学方法论高度统一的理论，不仅在内容上提供了认识自然界、人类社会和人类思维发展的一般规律，同时还从方法论的角度提供了正确观察、分析和研究事物的根本遵循。如辩证分析的方法，告诉我们观察事物、分析问题和解决问题，一定要客观地、发展地、全面地、系统地、普遍联系地，而不能主观地、静止地、片面地、零散地、孤立地去研究解决问题，要运用矛盾分析的方法，在事物的矛盾运动过程中把握事物发展的规律，找准矛盾问题，提出有针对性的解决方案。再如历史分析的方法，告诉我们在分析和研究事物的过程中，必须认识到任何一个事物的产生和发展都是有具体的历史条件和环境约束的，要分析事物内部联系及事物与其周围事物之间的联系及相互作用，才能准确把握事物产生、发展的各种条件，从而避免认识和分析事物时可能出现的主观随意性和形而上学的错误思想，用历史的观点具体地、客观地对待各种事物及现象。此外，马克思还把实践的观点引入方法论，指出哲学不仅要解释世界，更重要的是改造世界，由此彻底结束了曾经占统治地位的唯心主义的方法，实现了方法论上的哲学变革。可以说，马克思主义构建起了一个完整的方法论系统，包括辩证分析的方法、阶级分析的方法、整体分析的方法、矛盾分析的方法以及历史分析的方法等科学的方法论原则，为正确分析问题、有效解决问题提供了强有力的理论工具。

（三）马克思主义的真理力量在于它是"永不过时"的理论

马克思主义的科学性和真理性，从它诞生以来已经被历史地雄辩地证明，没有任何一种思想理论能够超越。即使是一些资产阶级学者多次宣布"马克思主义过时了""马克思主义死亡了"，但都被历史证明是错误的。还有一些不赞同马克思主义的人，最终也不得不承认这种理论是人类文明史上的不朽丰碑。二战之后，尽管资本主义在生产资料所有制、劳资关系和分配关系、社会阶层和阶级结构、经济调节机制和经济危机形态、政治制度等方面都发生了新变化，但马克思主义所揭示的社会发展规律没有改变，资本主义必然灭亡、社会主义必然胜利的历史趋势没有改变，马克思主义基本原理和它提出的世界观方法论依然呈现出历久弥坚的生命力。美国学者海尔布隆纳在他的著作《马克思主义：赞成与反对》中表示，要探索人类社会发展前景,必须向马克思求教,人类社会至今仍然生活在马克思所阐明的发展规律之中。法国哲学家路易斯·阿尔都塞在评价马克思的独特地位时曾说,马克思之于历史就如同泰勒斯之于数学、伽利略之于物理学、弗洛伊德之于心理学。①

马克思主义的真理力量,不仅为理论所证明,也在实践中得到了充分检验和彰显。中国共产党从成立之日起,就把马克思主义鲜明地写在自己的旗帜上。马克思主义为中国革命、建设、改革提供了强大思想武器,使中国这个古老的东方大国创造了人类历史上前所未有的发展奇迹。马克思主义的命运同中国共产党的命运、中国人民的命运、中华民族的命运紧紧连在一起,正如习近平总书记所说:"在近代中国最危急的时刻,中国共产党人找到了马克思列宁主义,并坚持把马克思列宁主义同中国实际相结合,用马克思主义真理的力量激活了中华民族历经几千年创造的伟大文明,使中华文明再次迸发出强大精神力量。"② 实践证明,历史和人民选择马克思主义是完全正确的,中国共产党把马克思主义写在自己的旗帜上是完全正确的,坚持马克思主义基本原理同中国具体实际相结合、

---

① 转引自张雁:《探索经济学的"历史路标"》,《光明日报》2017年1月3日。
② 习近平:《在党史学习教育动员大会上的讲话》,《求是》2021年第7期。

不断推进马克思主义中国化时代化是完全正确的。站在新起点、开启新征程，要深入认识马克思主义科学性的真理力量，深刻把握马克思主义揭示的共产党执政规律、社会主义建设规律和人类社会发展规律，坚定道路自信、理论自信、制度自信、文化自信。

二、马克思主义具有道义的力量

马克思主义博大精深，归根到底就是一句话：为人类求解放。在马克思之前，社会上占统治地位的理论都是为统治阶级服务的。马克思主义第一次站在人民大众的立场探求人类自由解放的道路，以科学的理论为最终建立一个没有压迫、没有剥削、人人平等、人人自由的理想社会指明了方向。马克思主义之所以具有跨越国度和跨越时代的影响力，之所以能被世界人民普遍认同和广泛传播、对世界历史进程产生如此巨大影响，是因为它在基于真理性的价值性和基于科学性的实践性基础上，不断实现着造福人类的崇高价值追求，不仅具有真理的力量，还具有道义的力量。

（一）马克思主义具有人民性的最鲜明品格

马克思主义根植于人民，人民性是马克思主义最

第五章 坚定马克思主义信仰

鲜明的品格。马克思1839年在《关于伊壁鸠鲁哲学的笔记》之二中写道:"所以这些哲人和奥林帕斯山上的诸神的塑像一样极少人民性;他们的运动就是自我满足的平静,他们对待人民的态度如同他们对待实体一样地客观。"① 马克思主义将共产主义作为人类社会发展的最终目标,无论是对资本主义社会的揭露与批判,还是对未来共产主义社会特征和图景的设想,都是以"具体的人"即人民群众的自身解放为原则的。马克思主义探求人类自由解放的道路,不是像空想社会主义那样把无产阶级仅仅看成是一个值得同情的受苦受难的阶级,把历史进步和社会更替的希望寄托于少数天才人物,而是认为人民群众是历史的创造者,是改造旧世界、建设新世界的社会力量;人民群众不仅是社会物质财富和精神财富的创造者,而且还是社会变革的主力军;历史活动是群众的事业,随着历史活动的深入,人民群众的作用更加明显。马克思主义极大激发人民创造历史的积极性、主动性和创造性,正像马克思在《〈黑格尔法哲学批判〉导言》中指出的那样,"理论一经掌握群众,也会变成物质力量。理论只要说服人 [ad hominem],就能掌握群众;而理论只要彻

---

① 《马克思恩格斯全集》第四十卷,人民出版社1982年版,第65—66页。

底,就能说服人[ad hominem]。所谓彻底,就是抓住事物的根本。而人的根本就是人本身"①。马克思主义用抓住事物根本的理论说服人,凝聚起了改造世界的强大力量。

(二)马克思主义是关于"人类解放"的理论

马克思的一生是为人类解放的崇高理想而不懈奋斗的伟大人生。1835年,17岁的马克思在他的高中毕业作文《青年在选择职业时的考虑》中这样写道:"如果我们选择了最能为人类而工作的职业,那么,重担就不能把我们压倒,因为这是为大家作出的牺牲;那时我们所享受的就不是可怜的、有限的、自私的乐趣,我们的幸福将属于千百万人,我们的事业将悄然无声地存在下去,但是它会永远发挥作用,而面对我们的骨灰,高尚的人们将洒下热泪。"② 马克思主义整个理论和实践的主题就是大写的"人",即人类解放。马克思主义认为,无产阶级和人类的解放是人类不断由"必然王国"向"自由王国"迈进的一个漫长的历史过程,"这一历史过程就是无产阶级通过不懈努力争取获得政治解放、经济解放、社会解放、精神解放的现

---

① 《马克思恩格斯文集》第一卷,人民出版社2009年版,第11页。
② 《马克思恩格斯全集》第一卷,人民出版社1995年版,第459—460页。

实运动过程。无产阶级解放的这四个方面既相互区别又相互依赖、相互促进"①。首先,政治解放是前提。通过无产阶级革命推翻资产阶级统治,建立无产阶级专政的国家政权,并在此基础上大力发展生产力,消灭私有制,建立全体社会成员共同占有的公有制,使人类摆脱一切阶级压迫。其次,经济解放是基础。没有生产力的高度发达,创造极大丰富的物质财富,就没有人的经济解放,就无法消除私有制,使总体生产力成为人们可以驾驭而不是奴役人的力量,最终消除生产的异化。人类的解放只有在物质生活条件得到充分保障的时候才是现实的,否则就是镜中花水中月。再次,社会解放是重要环节。国家是阶级矛盾不可调和的产物,但是当社会发生分化的条件不存在时,国家就没有存在的价值了,这时的社会权力将会回归,进而摆脱国家力量的控制,实现社会自身的解放。因此,阶级、国家都是人类社会发展到一定阶段的产物,只有社会才是永恒的范畴,人类的解放必然是社会解放的结果。从次,解放的最终目的是重塑人的本质和价值,实现人的自由和全面发展。要消除资本对劳动的统治,消除异化奴役劳动,使劳动者在劳动过程中

---

① 童贤成、宋国秀:《试论马克思主义科学体系的主题:无产阶级和人类的解放》,《社会主义研究》2010年第6期。

享受自由和不受限制，实现全面而自由的发展。同时，劳动解放还意味着消除分工给劳动者划定的固定活动范围，使劳动者能够按照自己的意愿自主联合，打破社会分工造成的强制结合，实现劳动者个人的全面发展。最终，人将成为自然界的自觉的和真正的主人，成为自身的社会结合的主人，成为自身的主人——自由的人。

（三）马克思主义是为绝大多数人谋利益的理论

实现人类解放，仅仅靠理论的批判是不可能完成的，物质力量只能用物质力量来摧毁。马克思主义是指导无产阶级革命的理论，是造福人民、为绝大多数人谋福利的理论。正如《共产党宣言》所指出的，"过去的一切运动都是少数人的或者为少数人谋利益的运动。无产阶级的运动是绝大多数人的、为绝大多数人谋利益的独立的运动"[①]。人类解放不是乌托邦式的幻想，而是现实的运动过程。马克思主义揭示了人类解放与无产阶级解放的高度一致，指明了由理论批判通往现实解放的道路，找到了实现变革的社会力量，这就是现代无产阶级。恩格斯在1847年写的《共产主义

[①] 《马克思恩格斯选集》第一卷，人民出版社1995年版，第263页。

第五章　坚定马克思主义信仰

者和卡尔·海因岑》和《共产主义原理》中都指出："共产主义作为理论，是无产阶级立场在这种斗争中的理论表现，是无产阶级解放的条件的理论概括。"[①] 列宁曾经说过，马克思学说中的主要的一点，就是阐明了无产阶级作为社会主义社会创立者的世界历史作用。马克思主义让无产阶级理解自己的地位和使命，从而肩负起人类解放这一历史任务的伟大理论和崇高信仰。这就是作为共产党人信仰的马克思主义的内在逻辑。正如恩格斯《在马克思墓前的讲话》中所指出的，"马克思首先是一个革命家。他毕生的真正使命，就是以这种或那种方式参加推翻资本主义社会及其所建立的国家设施的事业，参加现代无产阶级的解放事业，正是他第一次使现代无产阶级意识到自身的地位和需要，意识到自身解放的条件"[②]。可以说，历史上从来没有一种理论像马克思主义那样，与工人阶级和劳动人民的命运如此紧密地联系在一起。可以说，马克思主义使无产阶级第一次有了实现自身解放的思想体系，为无产阶级的先锋队组织提供了革命的思想武器，并赋予其谋求无产阶级和全人类自由解放的光荣使命，是代表全世界无产阶级乃至全人类利益的思想理论。正

[①] 《马克思恩格斯选集》第一卷，人民出版社1995年版，第211页。
[②] 《马克思恩格斯文集》第三卷，人民出版社2009年版，第602页。

如1972年诺贝尔文学奖获得者、德国著名作家海因里希·伯尔在评价19世纪以来的历史巨变时所说：没有马克思，没有工人运动，"当今世界六分之五的人口将依然还生活在半奴隶制的阴郁的状态之中"。[①]

三、马克思主义具有实践的力量

马克思说，全部社会生活在本质上是实践的，"哲学家们只是用不同的方式解释世界，问题在于改变世界"[②]。实践的观点、生活的观点是马克思主义认识论的基本观点，实践性是马克思主义理论区别于其他理论的显著特征。马克思主义不是书斋里的学问，而是为了改变人民历史命运而创立的，是在人民求解放的实践中形成的，也是在人民求解放的实践中丰富和发展的，为人民认识世界、改造世界提供了强大精神力量。

（一）马克思主义是实践性的理论

第一个提出"实践"思想的哲学家虽然不是马克

[①] 伯尔：《伯尔文论》，黄凤祝等编，袁志英等译，生活·读书·新知三联书店1996年版，第60页。
[②] 《马克思恩格斯选集》第一卷，人民出版社1995年版，第57页。

第五章　坚定马克思主义信仰

思，但这并不影响马克思对实践观点的娴熟运用。辩证唯物主义与旧唯物主义的不同就在于，马克思、恩格斯把实践引入到唯物主义当中，从实际层面来谈论实践概念，而不是仅仅在理论层面上谈论实践。马克思把实践作为自己理论的核心观点，认为实践是主观世界与客观世界的联系纽带，具有客观性、能动性和革命性的特征。马克思指出："全部社会生活在本质上是实践的。凡是把理论引向神秘主义的神秘东西，都能在人的实践中以及对这种实践的理解中得到合理的解决。"[①] 在不断的革命性历史实践中，马克思主义所追求的价值理想不断得以实现和彰显，以马克思主义为理论基础的共产主义也就具有了实践性的本质规定。对此，马克思、恩格斯在《德意志意识形态》中指出，"实际上，而且对实践的唯物主义者即共产主义者来说，全部问题都在于使现存世界革命化，实际地反对并改变现存的事物"[②]。"共产主义对我们来说不是应当确立的状况，不是现实应当与之相适应的理想。我们所称为共产主义的是那种消灭现存状况的现实的运动。"[③] 因此，共产主义不但是对理想社会的展望和设

[①] 《马克思恩格斯选集》第一卷，人民出版社1995年版，第56页。
[②] 《马克思恩格斯选集》第一卷，人民出版社1995年版，第75页。
[③] 《马克思恩格斯选集》第一卷，人民出版社1995年版，第87页。

想,还是一种革命性实践运动,是基于一定现实、解决有限的事实和无限的价值之间矛盾的历史实践。在马克思那里,实践性、革命性、批判性、辩证法在一定意义上都指向了历史性的维度,也就是通过革命性实践不断改变现实社会状况从而不断生成的过程性。马克思主义正是基于实践性的理论品格和诉诸现实的物质力量,通过历史性的革命实践,在不断改善人们生存状况和促进人的自由全面发展的过程中,不断地坚守着自身的核心价值追求,保持着自身的科学性和真理性。

(二)马克思主义是指导无产阶级认识世界改造世界的理论

马克思主义致力于"改变世界",正如列宁所说:"马克思的哲学是完备的哲学唯物主义,它把伟大的认识工具给了人类,特别是给了工人阶级。"[1] 毛泽东同志也曾经讲,"我们的眼力不够,应该借助于望远镜和显微镜。马克思主义的方法就是政治上军事上的望远镜和显微镜"[2]。马克思主义作为指导无产阶级改造客观世界和主观世界的锐利思想武器,在不断的革命性

---

[1] 《列宁全集》第二十三卷,人民出版社1990年版,第45页。
[2] 《毛泽东选集》第一卷,人民出版社1991年版,第212页。

第五章　坚定马克思主义信仰

历史实践中，始终彰显其理论的实践品格及其诉诸现实的物质力量。马克思主义揭示并阐明了社会主义必然代替资本主义，是人类历史发展的必然趋势，得出资产阶级的灭亡和无产阶级的胜利是同样不可避免的历史结论。马克思主义指出，无产阶级革命是解决资本主义基本矛盾的决定性手段，是推动资本主义向社会主义转变的强大动力和杠杆；无产阶级专政是废除资本主义私有制，建立社会主义公有制，巩固无产阶级统治，最终消灭阶级的必要条件。马克思的科学研究，就像列宁所说的那样，"凡是人类社会所创造的一切，他都有批判地重新加以探讨，任何一点也没有忽略过去。凡是人类思想所建树的一切，他都放在工人运动中检验过，重新加以探讨，加以批判，从而得出了那些被资产阶级狭隘性所限制或被资产阶级偏见束缚住的人所不能得出的结论"[①]。马克思的思想理论源于那个时代又超越了那个时代，既是那个时代精神的精华又是整个人类精神的精华。马克思主义从理论走向变革现实的实践，深刻改变了世界面貌，有力地推动了世界历史进程。对于人类认识世界、改造世界来说，迄今为止，还没有哪一种理论能够比马克思主义更实用更管用。

[①] 《列宁选集》第四卷，人民出版社 1995 年版，第 284—285 页。

（三）马克思主义是得到国际共产主义运动充分检验的理论

自马克思主义诞生以来，至今还没有一种思想理论像马克思主义那样对人类产生了如此广泛而深刻的影响。在马克思亲自领导下，"第一国际"等国际工人组织相继创立和发展，在不同时期指导和推动了国际工人运动的联合和斗争。在马克思主义影响下，马克思主义政党在世界范围内如雨后春笋般建立和发展起来。进入20世纪后，以列宁为代表的马克思主义者继承和发展马克思主义民族理论，指导和支持殖民地半殖民地国家民族解放运动。随着十月革命的胜利，社会主义从理论变为现实，打破了资本主义一统天下的世界格局。第二次世界大战结束后，一大批社会主义国家诞生，彻底瓦解了帝国主义的殖民体系。马克思主义不仅深刻改变了世界，也深刻改变了中国。中国共产党团结带领人民经过长期奋斗，完成新民主主义革命和社会主义革命，建立起中华人民共和国和社会主义基本制度，进行了社会主义建设的艰辛探索，实现了中华民族从东亚病夫到站起来的伟大飞跃；团结带领人民进行建设中国特色社会主义新的伟大实践，使中国大踏步赶上了时代，实现了中华民族从站起来到富起来的伟大飞跃;团结带领人民进行伟大斗争、建设伟大工程、推进伟大事业、实现伟大梦想,推动党和国家事业取得全方位、开创性历史成就,发生深层次、根本性历史变革,中华民族迎来了从富起来到强起来的伟大飞跃。实践证明,马克思主义为中国革命、建设、改革提供了强大思想武器,使中国这个古老的东方大国创造了人类历史上前所未有的发展奇迹。

四、马克思主义具有创新的力量

习近平总书记指出:"马克思主义是不断发展的开放的理论,始终站在时代前沿。"[①] 实践是不断发展的,人们对于客观事物的认识也在不断发展。马克思主义是革命的、批判的、与时俱进的理论,必将随着实践的发展、时代的变迁、条件的变化而不断有所发现、有所前进、有所创新,从而使其具有了创新的力量和生生不息的生命力。马克思一再告诫人们,马克思主义理论不是教条,而是行动指南,必须随着实践的变化而发展。一部马克思主义发展史就是马克思、恩格斯以及他们的后继者们不断根据时代、实践、认识发

---

① 习近平:《论中国共产党历史》,中央文献出版社2021年版,第199页。

展而发展的历史,是不断吸收人类历史上一切优秀思想文化成果丰富自己的历史。创新是马克思主义持续蕴含生命力的必然要求,马克思主义在不断解决重大理论问题和实践问题的过程中,就必须保持创新的状态并不断强化理论创新的能力,总是在动态地、不断完善、不断实践中得到检验并进一步创新发展的理论。

(一)马克思主义是开放的理论

马克思主义是一个具有开放性的理论体系,它是在与实践结合的过程中不断完善的理论。马克思主义的开放性使其具有了创新的可能,创新是马克思主义的生命和灵魂,也是马克思主义理论常青、常新的内在需要。马克思主义创始人始终保持开放的心态,不断根据时代发展要求和实践的变化,勇于用批判的态度去审视传统观点,敢于对既有的理论进行超越和升华,善于提炼出新的思想,实现了在实践基础上的理论创新。马克思、恩格斯一再强调:"我们的理论是发展着的理论,而不是必须背得烂熟并机械地加以重复的教条。"[①]《共产党宣言》出版后的几十年中,马克思、恩格斯为它的不同版本写了多篇序言,在序言中

---

① 《马克思恩格斯选集》第四卷,人民出版社1995年版,第681页。

第五章 坚定马克思主义信仰

对《共产党宣言》加以说明、订正或补充，使之更加完善。列宁也指出："马克思主义这一革命无产阶级的思想体系赢得了世界历史性的意义，是因为它并没有抛弃资产阶级时代最宝贵的成就，相反却吸收和改造了两千多年来人类思想和文化发展中一切有价值的东西。"[①] 马克思主义内容体系的开放性特征，使其在不断丰富和发展自己理论的过程中，不仅指引人类寻求自身的解放，还不断引领人类社会朝着共产主义方向前进，这些都从根本上赋予了马克思主义无穷的创造活力和勃勃生机。马克思主义的开放性使其可以在解决新问题的实践中，焕发出其内在的创新活力，在理性反思、自我批判、自我突破和自我解放中激发出思想的伟力。马克思主义的开放性，推动了社会主义从空想到科学、从理论到实践、从一国到多国、从普遍到特殊、从西方到东方的伟大历史进程，体现了马克思主义开放创新的理论品格，彰显了马克思主义理论与实践的巨大精神力量和物质力量。可以说，马克思主义的开放创新力就在于从实践中来到实践中去。

（二）马克思主义是与时俱进的理论

马克思主义是与时代共同发展的开放的理论体系，

[①]《列宁全集》第三十九卷，人民出版社1986年版，第332页。

它紧跟时代步伐，在继承人类优秀文化遗产的基础上，随着时间地点条件的变化，以解决时代问题为目标，用符合新实际的理论取代旧的过时的结论来指导实践，进而不断推进理论创新。马克思、恩格斯正是顺应时代进步的潮流，立足于新兴的工人阶级斗争的实践，批判地吸收前人的思想成果，为无产阶级和全人类的解放运动创建了科学的思想体系，实现了人类思想史上的伟大变革。列宁没有拘泥于马克思、恩格斯关于社会主义革命"同时发生"的观点，提出了社会主义革命可以在一个国家或几个国家首先获得成功的理论，并且领导十月革命取得了胜利。马克思主义之所以长盛不衰，不仅在于它通过掌握群众和唤醒民众，通过斗争实现解放的意志，还在于马克思主义能够立足时代新变化，迎接新挑战和解决新问题。问题是时代的最强音。任何一种科学理论要想成为时代精华，就必须能够反映时代问题，及时回答时代提出的重大课题，这就是理论的生命力所在。

（三）马克思主义是中国共产党不断开辟理论新境界的强大指引

理论创新既是马克思主义的基本要求，也是马克思主义基于其基本立场观点和方法等产生出来的引领

第五章 坚定马克思主义信仰

实践发展的张力，以及在矛盾运动中产生出来的不断发展的创新活力。中国共产党之所以能够领导人民在一次次求索、一次次挫折、一次次开拓中完成中国其他各种政治力量不可能完成的艰巨任务，根本在于坚持解放思想、实事求是、与时俱进、求真务实，坚持把马克思主义基本原理同中国具体实际相结合、同中华优秀传统文化相结合，坚持实践是检验真理的唯一标准，坚持一切从实际出发，及时回答时代之问、人民之问，不断推进马克思主义中国化时代化。在不断开辟马克思主义新境界的历史进程中，创立了毛泽东思想、邓小平理论，形成了"三个代表"重要思想、科学发展观，创立了习近平新时代中国特色社会主义思想，实现了党的指导思想的与时俱进。《中共中央关于党的百年奋斗重大成就和历史经验的决议》特别强调指出，毛泽东思想的创立是马克思主义中国化的第一次历史性飞跃；中国特色社会主义理论体系的形成实现了马克思主义中国化新的飞跃；习近平新时代中国特色社会主义思想的创立实现了马克思主义中国化新的飞跃。习近平总书记在《决议》中指出："当代中国的伟大社会变革，不是简单延续我国历史文化的母版，不是简单套用马克思主义经典作家设想的模板，不是其他国家社会主义实践的再版，也不是国外现代化发展的翻版。"① 实践没有止境，理论创新也没有止境。实践证明，只要始终坚持理论联系实际，坚持在实践基础上推进理论创新、进行理论创造，党的事业就会顺利发展，党就能始终充满生机活力；只要我们勇于结合新的实践不断推进理论创新、善于用新的理论指导新的实践，就一定能够让马克思主义在中国大地上展现出更强大、更有说服力的真理力量。

---

① 《中共中央关于党的百年奋斗重大成就和历史经验的决议》，人民出版社2021年版，第67页。

第六章　坚定共产主义远大理想

习近平总书记指出:"马克思主义是我们党的指导思想,共产主义是我们党的远大理想。没有马克思主义信仰、共产主义理想,就没有中国共产党,就没有中国特色社会主义。"① 共产主义寄托着人类对美好未来的全部情愫和渴望,是人类最崇高的社会理想。中国共产党始终把实现共产主义作为最高理想和最终目标。共产主义理想激励了一代又一代共产党人为这个理想而英勇奋斗甚至不惜献出生命。正像习近平总书记指出的那样,"共产主义远大理想激励了一代又一代共产党人英勇奋斗,成千上万的烈士为了这个理想献出了宝贵生命。'砍头不要紧,只要主义真','敌人只能砍下我们的头颅,决不能动摇我们的信仰',这些视死如归、大义凛然的誓言生动表达了共产党人对远大理想的坚贞。理想之光不灭,信念之光不灭"②。

---

① 习近平:《在全国党校工作会议上的讲话》,《求是》2016 年第 9 期。
② 习近平:《论中国共产党历史》,中央文献出版社 2021 年版,第 124 页。

一、共产党人的最高理想是实现共产主义

共产主义代表了人类未来发展的必然趋势，表达了人们对未来社会的美好构想，是马克思主义经典作家在深入研究和把握人类社会发展规律基础上得出的科学结论。共产主义是一种思想理论体系、社会运动和社会制度，是共产党人认识世界和改造世界的世界观和方法论。坚定共产主义理想信念，始终是共产党人安身立命的根本，是共产党人的政治灵魂，是共产党人经受住任何考验的精神支柱。

（一）共产主义是代表人类社会发展趋势的科学思想体系

共产主义代表了人类未来发展的必然趋势，表达了人们对未来社会的美好构想。人类历史在由低级向高级发展的进程中，受到内在一般规律支配，这个历史前进的规律就是共产主义取代资本主义是历史发展的必然。《共产党宣言》指出：一切所有制关系都经历了经常的历史更替、经常的历史变更以及社会主义必然代替资本主义，这是历史发展的客观规律，也是科学社会主义最基本的结论。马克思、恩格斯在分析人

第六章　坚定共产主义远大理想

类社会历史发展规律特别是资本主义社会基本矛盾运动规律的基础上，得出社会主义必然代替资本主义、人类最终将进入共产主义社会的深刻结论，科学说明了资本主义必然灭亡、共产主义必然胜利的历史趋势，指明了社会主义、共产主义是人类文明发展的正道和归宿，确立了马克思主义政党的最高纲领和最终奋斗目标。列宁曾经指出："马克思和恩格斯的具有世界历史意义的伟大功绩，在于他们用科学的分析证明了，资本主义必然崩溃，必然过渡到不再有人剥削人现象的共产主义。"① 共产主义思想从诞生之日起就对世界产生巨大影响，这是因为它具有不同于其他学说的理论品质和思想境界，对资本主义人剥削人的残酷现实提出了解决现实社会问题的方案，并在认识人类社会发展趋势和规律的基础上，对未来社会主义社会的发展过程、发展方向、一般特征作了科学预测和设想。强烈反共的美国学者布热津斯基也不得不承认："共产主义不仅仅是对人们所深切关注的问题的一种情绪激昂的回答，也不仅仅是自以为是地仇视社会的信条，它还是一种通俗易懂的思想体系，似乎对过去和将来都提供了一种独特的见解。……因此，共产主义对于头

---

① 《列宁选集》第三卷，人民出版社 1995 年版，第 574 页。

脑简单和头脑复杂的人都同样具有吸引力：每一种人都会从它那里获得一种方向感，一种满意的解释和一种道义的自信。"① 我们坚定共产主义理想，是因为我们追求的是真理、遵循的是规律、代表的是最广大人民根本利益。

（二）共产主义是国际范围内的社会运动

马克思、恩格斯说过："共产主义对我们来说不是应当确立的状况，不是现实应当与之相适应的理想。我们所称为共产主义的是那种消灭现存状况的现实的运动。"② "共产主义不是教义，而是运动。它不是从原则出发，而是从事实出发。"③ 由此可见，共产主义既是科学的思想体系，又是这一思想体系指导下全世界无产阶级及广大人民群众反对资本主义和一切剥削制度，进行无产阶级革命和社会主义建设，并为最终实现共产主义而奋斗的社会运动。特别是在十月革命的影响下，国际共产主义运动真正扩展为世界范围的社会运动，欧亚美各洲多个国家相继建立起社会主义制度，从事社会主义建设和改革。中国共产党人对社

---

① 兹·布热津斯基：《大失败：二十世纪共产主义的兴亡》，军事科学院外国军事研究部译，军事科学出版社1989年版，第3页。
② 《马克思恩格斯文集》第一卷，人民出版社2009年版，第539页。
③ 《马克思恩格斯文集》第一卷，人民出版社2009年版，第672页。

主义的探索和实践是世界社会主义共产主义运动的重要内容，更是世界社会主义共产主义运动的伟大创举。尽管现代资本主义借助新科技革命，加强国家干预、实行福利主义政策，还有一定的自我调节能力，但事实一再告诉我们，马克思、恩格斯关于资本主义社会基本矛盾的分析没有过时，关于资本主义必然消亡、社会主义必然胜利的历史唯物主义观点也没有过时，要坚信随着世界社会主义运动的发展，特别是随着中国特色社会主义不断发展，社会主义制度必将越来越成熟，社会主义制度的优越性必将进一步显现，社会主义道路必将越走越宽广，社会主义对世界的影响必将越来越大，共产主义最终会在全人类实现。正像习近平总书记强调的那样，"有了坚定的理想信念，站位就高了，眼界就宽了，心胸就开阔了，就能坚持正确政治方向，在胜利和顺境时不骄傲不急躁，在困难和逆境时不消沉不动摇，经受住各种风险和困难考验，自觉抵御各种腐朽思想的侵蚀，永葆共产党人政治本色"[1]。

（三）共产主义是人类最理想的社会制度

共产主义作为一种制度形式，马克思在《哥达纲

---

[1] 中共中央党史和文献研究院、中央"不忘初心、牢记使命"主题教育领导小组办公室编：《习近平关于"不忘初心、牢记使命"重要论述选编》，党建读物出版社、中央文献出版社2019年版，第74页。

领批判》中指出:"在共产主义社会高级阶段,在迫使个人奴隶般地服从分工的情形已经消失,从而脑力劳动和体力劳动的对立也随之消失之后;在劳动已经不仅仅是谋生的手段,而且本身成了生活的第一需要之后;在随着个人的全面发展,他们的生产力也增长起来,而集体财富的一切源泉都充分涌流之后,——只有在那个时候,才能完全超出资产阶级权利的狭隘眼界,社会才能在自己的旗帜上写上:各尽所能,按需分配!"① 根据马克思的阐述,共产主义社会的状态应该是:生产力高度发达,有丰富的物质财富,实行"各尽所能,按需分配",人们的精神境界极大提高,阶级被彻底消灭,国家也消亡了,实现了人的自由而全面的发展,人类从必然王国向自由王国飞跃。"代替那存在着阶级和阶级对立的资产阶级旧社会的,将是这样一个联合体,在那里,每个人的自由发展是一切人的自由发展的条件。"② 这种没有剥削、没有压迫、人人平等的社会制度,理所当然地成为人类梦寐以求的最美好的社会理想,也符合中国古代儒家经典对理想大同社会的描述。吴玉章回忆"五四"前后的"思想转变"时提出,社会主义书籍中所描绘的"人人平

---

① 《马克思恩格斯文集》第三卷,人民出版社2009年版,第435—436页
② 《马克思恩格斯选集》第一卷,人民出版社1995年版,第294页。

第六章　坚定共产主义远大理想

等、消灭贫穷的远大理想"使他深受鼓舞，并联想起"中国古代世界大同的学说"①。艾思奇后来也谈道："共产主义社会，曾是中国历史上一切伟大思想家所共有的理想。从老子、墨子、孔孟，以至于孙中山先生，都希望着世界上有'天下为公'的大同社会能够出现。"② 中国共产党从成立时起，党的二大就明确规定党的最高纲领为"组织无产阶级，用阶级斗争的手段……渐次达到一个共产主义的社会"；党的最低纲领，即现阶段的革命任务，就是要推翻帝国主义和封建主义统治，建立一个统一的"真正民主共和国"。一百年来，从建立"真正民主共和国"到建立新民主主义国家，从实现"四化"到"小康社会"的提出，从实现全面小康到"全面建成社会主义现代化强国、实现第二个百年奋斗目标"的战略安排，中国共产党始终没有放弃对理想社会的追求，始终向着最高理想在努力。在推进革命、建设、改革的进程中，经过反复比较和总结，历史地选择了马克思主义、选择了社会主义道路，历经千辛万苦、付出各种代价，开创和发展了中国特色社会主义。百年党史充分见证了共产主义理想是怎样一步一步变为现实、变为人民群众的幸福生活的。

---

① 《吴玉章文集》（下），重庆出版社1987年版，第1058—1059页。
② 艾思奇：《五四文化运动在今日的意义》，《新中华报》1939年4月28日。

二、实现共产主义需要一个相当漫长的历史过程

共产主义的实现是建立在高度发达的社会主义社会基础之上的，而要达到这个目标需要经历一个漫长而曲折的历史过程。1859年，马克思在《〈政治经济学批判〉序言》中指出："无论哪一个社会形态，在它所能容纳的全部生产力发挥出来以前，是决不会灭亡的；而新的更高的生产关系，在它的物质存在条件在旧社会的胎胞里成熟以前，是决不会出现的。"①"两个必然"揭示了人类社会的发展趋势，"两个决不会"提出了社会主义代替资本主义的过程长期性问题，使马克思主义关于社会主义代替资本主义的必然性理论更加完整。坚定共产主义理想，既要看到资本主义必然被社会主义所代替的历史趋势，又要看到这一过程的长期性复杂性。如列宁所说：设想世界历史会一帆风顺、按部就班地向前发展，不会有时出现大幅度的跃退，那是不辩证的，不科学的，在理论上是不正确的。习近平总书记也深刻指出，"只要我们掌握了马克思主义基本原理，就能够深刻认识到实现共产主义是

---

① 《马克思恩格斯选集》第二卷，人民出版社1995年版，第33页。

第六章　坚定共产主义远大理想

由一个一个阶段性目标逐步达成的漫长历史过程，需要若干代人接续奋斗、艰苦奋斗、不懈奋斗"①。

（一）社会主义代替资本主义是一个长期曲折的过程

十月革命后，人类社会开始了从资本主义向社会主义过渡的历史大时代。但任何一种社会形态的灭亡总是需要一个过程的，比如，奴隶社会就在人类历史上存在了几千年，欧洲的封建社会从古罗马帝国灭亡开始算起到资本主义到来，至少也有1500年的发展历史，中国的封建社会更长，历时两千多年。资本主义在发展的过程中，还出现过倒退的现象，如1640年后的英国，经历了两次战争和王朝复辟，直到1688年"光荣革命"后，英国资产阶级政权才真正建立起来。资本主义的基本矛盾决定了资本主义是腐朽的、垂死的，但是资本主义在发展的过程中也在不断地进行自我调整，缓和自身矛盾，提高其克服危机的能力。恩格斯在1892年曾经指出："所有过去应用蒸汽和机器获得的惊人成果，同1850—1870年这20年间生产的巨大飞跃比起来，同输出与输入的巨大数字比起来，同积聚在资本家手中的财富以及集中在大城市里的人的

---

① 习近平：《学习马克思主义基本理论是共产党人的必修课》，《求是》2019年第22期。

劳动力的巨大数字比起来，就微不足道了。诚然，这个进步同以前一样被每十年一次的危机所中断：1857年有一次危机，1866年又有一次；但是这种危机的反复出现如今已经被看成是一种自然的、不可避免的事情，这种事情是无法逃脱的遭遇，但最后总是又走上正轨。"① 资本主义使用各种手段去缓解危机、克服危机，甚至不惜用战争去转嫁危机，使资本主义获得新的发展空间，但所有这些调整和改变都没有从根本上改变资本主义的本质，也无法解决其自身的基本矛盾，无法改变资本主义最终走向灭亡的命运。2013年12月3日，习近平总书记在主持十八届中央政治局第十一次集体学习时特别谈到"两个决不会"。习近平总书记指出："这里还要说到马克思提出的'两个决不会'，……马克思的这一重要论点，可以帮助我们理解为什么资本主义至今没有完全消亡，为什么社会主义还会出现苏联解体、东欧剧变那样的曲折，为什么马克思主义预见的共产主义还需要经过很长的历史发展才能实现。学懂了这一认识和研究社会历史发展的科学世界观和方法论，我们就能坚定理想的主心骨、筑牢信念的压舱石，保持强大的战略定力。"② 社会主义终将取代资

---

① 《马克思恩格斯文集》第一卷，人民出版社2009年版，第374页。
② 习近平：《坚持历史唯物主义不断开辟当代中国马克思主义发展新境界》，《求是》2020年第2期。

本主义,这是历史的逻辑,更是历史的真实。

(二)发展社会主义是一个长期历史过程

共产主义不可能一蹴而就。习近平总书记精辟指出:"共产主义决不是'土豆烧牛肉'那么简单,不可能唾手可得、一蹴而就,但我们不能因为实现共产主义理想是一个漫长的过程,就认为那是虚无缥缈的海市蜃楼,就不去做一个忠诚的共产党员。"[①] 人类通向共产主义的道路是漫长的,必须经过许多发展阶段。马克思在《哥达纲领批判》中把经过长久阵痛刚刚从资本主义社会产生出来的社会主义社会,称作是共产主义社会的第一阶段,而在自己的旗帜上写上"各尽所能,按需分配"的,则是共产主义社会的高级阶段。这两个不同阶段是同一社会形态的不同阶段,因其发展程度不同而显示出不同的特征。列宁也曾经讲:如果我们问一下自己,共产主义同社会主义的区别是什么,那么我们应当说,社会主义是直接从资本主义生长出来的社会,是新社会的初级形式,共产主义则是更高的社会形式,只有在社会主义完全巩固的时候才能得到发展。随着不断总结实践经验和进行深入的理

[①] 《习近平谈治国理政》第二卷,外文出版社 2017 年版,第 142 页。

论思考，列宁还提出了"发达的社会主义""完备的社会主义""完整的社会主义""成熟的社会主义""初级形式的社会主义"等概念，从不同侧面揭示了社会主义的发展过程。

我们党在运用马克思主义基本原理解决中国实际问题的实践中逐步认识到，发展社会主义不仅是一个长期历史过程，而且是需要划分为不同历史阶段的过程。毛泽东同志提出："社会主义这个阶段，又可能分为两个阶段，第一个阶段是不发达的社会主义，第二个阶段是比较发达的社会主义。后一阶段比前一阶段需要更长的时间。"[①] 将社会主义划分为"不发达的"和"比较发达的"两个阶段。"文化大革命"结束后，党的十一届六中全会通过的《关于建国以来党的若干历史问题的决议》，第一次提出了"我国的社会主义还是处于初级的阶段"的基本论断，党的十三大报告完整系统地阐述了社会主义初级阶段理论，包括社会主义初级阶段的基本含义、基本特征、主要矛盾和历史任务。党的十五大第一次提出党在社会主义初级阶段的基本纲领，进一步阐明了建设中国特色社会主义的经济、政治、文化的基本特征和基本要求。中国特色

---

① 《毛泽东文集》第八卷，人民出版社1999年版，第116页。

第六章　坚定共产主义远大理想

社会主义进入新时代,我国社会主要矛盾的变化没有改变我们对我国社会主义所处历史阶段的判断,我国仍处于并将长期处于社会主义初级阶段的基本国情没有变,我国是世界最大发展中国家的国际地位没有变。习近平总书记强调指出:"今天我们所处的新发展阶段,就是社会主义初级阶段中的一个阶段,同时是其中经过几十年积累、站到了新的起点上的一个阶段。"① 马克思主义是远大理想和现实目标相结合、历史必然性和发展阶段性相统一的统一论,坚信人类社会必然走向共产主义,但实现这一崇高目标必然经历若干历史阶段。因此,我们在对待实现共产主义的问题上必须始终保持清醒的头脑,既不能因为其实现的过程漫长就消极悲观,也不能急于求成。必须认识到共产主义理想的实现有其内在的规律,不以人的意志为转移,必须立足于党在现阶段的奋斗目标,脚踏实地推进。

(三)实现共产主义依赖于每一个历史阶段任务的完成

马克思、恩格斯在《共产党宣言》中深刻指出:"共产党人为工人阶级的最近的目的和利益而斗争,但

---

① 《习近平谈治国理政》第四卷,外文出版社2022年版,第162页。

是他们在当前的运动中同时代表运动的未来。"① 中国共产党是最高纲领和基本纲领的统一论者,党从成立之日起,就把实现共产主义作为自己的最高纲领,党在各个历史阶段还有自己的基本纲领。毛泽东同志指出:"共产党是有现在的纲领和将来的纲领,或最低纲领和最高纲领两部分的。在现在,新民主主义,在将来,社会主义,这是有机构成的两部分,而为整个共产主义思想体系所指导的。"② 向最高纲领的目标迈进,依赖于每一阶段的基本纲领的实现,党的各个阶段的基本纲领都是实现共产主义的阶梯。毛泽东同志在《论联合政府》中说:"对于任何一个共产党人及其同情者,如果不为这个目标奋斗,如果看不起这个资产阶级民主革命而对它稍许放松,稍许怠工,稍许表现不忠诚、不热情,不准备付出自己的鲜血和生命,而空谈什么社会主义和共产主义,那就是有意无意地、或多或少地背叛了社会主义和共产主义,就不是一个自觉的和忠诚的共产主义者。"③ 朝着最终实现共产主义这个大目标前进,必须立足党在现阶段的奋斗目标。中国特色社会主义是党的最高纲领和基本纲领的统一,

---

① 《马克思恩格斯选集》第一卷,人民出版社 1995 年版,第 306 页。
② 《毛泽东选集》第二卷,人民出版社 1991 年版,第 686 页。
③ 《毛泽东选集》第三卷,人民出版社 1991 年版,第 1059—1060 页。

建立富强民主文明和谐的社会主义现代化国家，既是从社会主义初级阶段的基本国情出发的，也没有脱离党的最高理想。我们现在为建设中国特色社会主义而努力，就是为将来实现共产主义最高理想而奋斗。正像习近平总书记指出的那样，"实现共产主义是我们共产党人的最高理想，而这个最高理想是需要一代又一代人接力奋斗的。如果大家都觉得这是看不见摸不着的东西，没有必要为之奋斗和牺牲，那共产主义就真的永远实现不了了。我们现在坚持和发展中国特色社会主义，就是向着最高理想所进行的实实在在努力"[1]。

三、没有远大理想，不是合格的共产党员

习近平总书记指出："革命理想高于天。没有远大理想，不是合格的共产党员；离开现实工作而空谈远大理想，也不是合格的共产党员。"[2] 每个共产党员都是中国工人阶级的有共产主义觉悟的先锋战士。每个党员在入党时，都庄重地宣誓，全心全意为人民服务，不惜牺牲个人的一切，为实现共产主义奋斗终身！共产主义理想并不是虚无缥缈的空想，要体现在每一个

---

[1] 《习近平谈治国理政》第二卷，外文出版社 2017 年版，第 142—143 页。
[2] 《习近平谈治国理政》，外文出版社 2014 年版，第 23 页。

共产党人的具体行动和日常生活中,坚定共产主义远大理想需要每一个党员干部身体力行,在实践中始终做到为实现共产主义远大理想而努力奋斗。对于共产党人来说,坚定共产主义远大理想,更显得可贵,更能反映一个共产党人的政治本色。

(一)要用理想塑造政治定力

共产主义理想是共产党人世界观和政治信仰在奋斗目标上的具体体现。丧失理想信念,就会迷失奋斗目标和前进方向,就会失去精神支柱而自我瓦解。邓小平同志在谈到共产主义理想信念的作用时,这样说道:"过去我们党无论怎样弱小,无论遇到什么困难,一直有强大的战斗力,因为我们有马克思主义和共产主义的信念。有了共同理想,也就有了铁的纪律。无论过去、现在和将来,这都是我们的真正优势。"[①] 人只要有了远大的理想,就会激发战胜挫折的斗志,站位就高了,眼界就宽了,心胸就开阔了,就能坚持正确政治方向,在胜利和顺境时不骄傲不急躁,在困难和逆境时不消沉不动摇,经受住各种风险和困难考验,自觉抵御各种腐朽思想的侵蚀,永葆共产党人政治本

---

① 《邓小平文选》第三卷,人民出版社1993年版,第144页。

第六章 坚定共产主义远大理想

色。用理想塑造政治定力,要忠诚党的信仰,忠诚党的价值立场,忠诚中国特色社会主义事业,自觉运用马克思主义坚持党的基本理论、路线、纲领和要求,坚守党的政治纪律,自觉按照党的要求办事,自觉维护党的权威与形象,始终在思想上政治上行动上与以习近平同志为核心的党中央保持高度一致,在实际工作中贯彻好党的各项方针政策。要把共产主义远大理想信念真正内化于心,严格约束自己的行为,不断进行自我修炼,淡泊名利,心存敬畏,塑造高尚的人格,清正廉洁,作风正派,远离低级趣味,不断进行自我修炼,在不断追求高尚情操的过程中,永葆共产党人的政治本色。

（二）要用理想塑造道德境界

共产主义道德是共产主义理想的重要内涵。《中国共产党章程》要求党员"发扬社会主义新风尚,带头实践社会主义核心价值观和社会主义荣辱观,提倡共产主义道德,弘扬中华民族传统美德,为了保护国家和人民的利益,在一切困难和危险的时刻挺身而出,英勇斗争,不怕牺牲"。在社会主义道德的基础上,提倡共产主义道德追求,这是对共产党员义务的规定。共产主义道德超越社会主义道德规范,是理想的道德境界，是促进人类进步的精神力量。党员不仅要践行社会主义道德和社会主义核心价值观，还要以更高的理想信念追求发挥先进性作用，用共产主义道德标准要求自己。"'共产主义道德'这个概念的提出，在马克思主义发展史上，经历了相当长久的过程。在马克思和恩格斯的著作中，以及在他们同时代的其他马克思主义者的著作中，都还没有把'共产主义'和'道德'直接联系起来，明确提出'共产主义道德'。他们常常用'无产阶级道德'这一概念，来表述在资本主义条件下的无产阶级中成长起来的新型道德。"[1]列宁1920年10月2日在俄国共产主义青年团第三次代表大会上发表的重要讲话中，首次提出"共产主义道德"，强调"做一个共产主义者，就要把全体青年都组织和团结起来，要在这个斗争中作出有教养和守纪律的榜样"[2]。党员干部践行共产主义道德，必须从党的要求和自己的政治责任出发，自觉涵养高尚的道德品质，崇尚对党忠诚的大德、造福人民的公德、严于律己的品德，永远不能忘记入党时所作的对党忠诚、永不叛党的誓言，做到始终忠于党、忠于党的事业，做到铁心跟党走、九死而不悔；站稳人民立场，始终同人民

---

[1] 罗国杰主编：《马克思主义伦理学》，人民出版社1982年版，第207页。
[2] 《列宁选集》第四卷，人民出版社1995年版，第293页。

风雨同舟、生死与共，勇于担当、积极作为，切实把造福人民作为最根本的职责；慎微慎独，清清白白做人、干干净净做事，努力做一个高尚的人、一个纯粹的人、一个有道德的人、一个脱离了低级趣味的人、一个有益于人民的人。

（三）要用理想塑造精神状态

精神所在，就是力量所在。恩格斯指出："一个知道自己的目的，也知道怎样达到这个目的的政党，一个真正想达到这个目的并且具有达到这个目的所必不可缺的顽强精神的政党，——这样的政党将是不可战胜的。"[1] 精神的力量是无穷的。精神状态体现党性觉悟、政治品质，影响事业发展。习近平总书记在党的二十大报告中提出："全党同志务必不忘初心、牢记使命，务必谦虚谨慎、艰苦奋斗，务必敢于斗争、善于斗争，坚定历史自信，增强历史主动，谱写新时代中国特色社会主义更加绚丽的华章。"[2] 这"三个务必"，与"两个务必"既一脉相承又与时俱进，是对党员干部走上新的赶考之路的精神状态要求。

---

[1] 《马克思恩格斯全集》第三十九卷，人民出版社1974年版，第139页。
[2] 习近平：《高举中国特色社会主义伟大旗帜 为全面建设社会主义现代化国家而团结奋斗——在中国共产党第二十次全国代表大会上的报告》，《人民日报》2022年10月26日。

理想信念

70多年前,在中国共产党即将成为执政党前夕,毛泽东同志在党的七届二中全会上首次提出"两个务必",警醒党内可能出现的骄傲情绪、以功臣自居的情绪、停顿起来不求进步的情绪、贪图享乐不愿再过艰苦生活的情绪,充分预见到中国共产党在成为执政党后所面临的新挑战。习近平总书记2013年7月11日到西柏坡参观时说,毛泽东同志当年在这里提出的"两个务必",包含着对我国几千年历史治乱规律的深刻借鉴,包含着对我们党艰苦卓绝奋斗历程的深刻总结,包含着对胜利了的政党永葆先进性和纯洁性、对即将诞生的人民政权实现长治久安的深刻忧思,思想意义和历史意义十分深远。在迈上新时代新征程、向第二个百年奋斗目标进军的关键时刻,习近平总书记强调"三个务必",内涵丰富,意义深远。党员干部要务必不忘初心、牢记使命,向前走不能忘记走过的路,走得再远、走到再光辉的未来,也不能忘记走过的过去,不能忘记为什么出发,永远与人民同呼吸、共命运、心连心,永远把人民对美好生活的向往作为奋斗目标,团结带领人民继续朝着实现中华民族伟大复兴的宏伟目标奋勇前进;要务必谦虚谨慎、艰苦奋斗,在胜利面前保持清醒头脑,始终保持"赶考"的清醒和坚定,经受住"四大考验",克服"四种危险",确保党永远不变质、不变色、不变味；要务必敢于斗争、善于斗争，坚持底线思维，增强忧患意识，发扬斗争精神，提高斗争本领，随时做好防范化解重大风险的思想准备和工作准备，特别是要有效防范化解可能迟滞甚至中断中华民族伟大复兴历史进程的重大风险。

（四）要用理想塑造工作标准

空谈误国，实干兴邦。习近平总书记强调，干部干部，干是当头的，要求领导干部振奋起共产党人应有的精气神，把全部精力用到干事创业上。要发扬实事求是的作风，脚踏实地、真抓实干，说真话、报真情、做实事、求实效，不搭花架子、做表面文章，敢于直面问题，矛盾面前不躲闪，挑战面前不畏惧，困难面前不退缩，在关键时刻和危急关头豁得出来、顶得上去、经得住考验。要树立正确政绩观，做工作自觉从人民利益出发，做到"民之所好好之，民之所恶恶之"，决不能为了树立个人形象，搞华而不实、劳民伤财的"形象工程""政绩工程"。要有科学态度，从实际出发谋划事业和工作，使点子、政策、方案符合实际情况、符合客观规律、符合科学精神，不好高骛远，不脱离实际。要发扬钉钉子精神，保持力度、保持韧劲，善始善终、善作善成，不断取得作风建设新成效。

第七章　坚定中国特色社会主义共同理想

实现共产主义是由一个一个阶段性目标逐步达成的历史过程。坚持和发展中国特色社会主义，是向着实现共产主义理想所进行的实实在在的努力，是为了最终实现共产主义远大理想。习近平总书记强调："把践行中国特色社会主义共同理想和坚定共产主义远大理想统一起来，坚决抵制抛弃社会主义的各种错误主张，自觉纠正超越阶段的错误观念和政策措施。只有这样，才能真正做到既不妄自菲薄、也不妄自尊大，扎扎实实夺取中国特色社会主义新胜利。"[①] 习近平总书记的重要论述深刻阐明了胸怀远大目标和实现现实目标的关系，生动指明了我们所处的历史方位和所要完成的历史任务。

一、中国特色社会主义不是从天上掉下来的

习近平总书记指出："中国特色社会主义是党和人

[①] 《习近平谈治国理政》，外文出版社2014年版，第11页。

第七章　坚定中国特色社会主义共同理想

民历经千辛万苦、付出巨大代价取得的根本成就，是实现中华民族伟大复兴的正确道路。"[1] 把中国特色社会主义的形成和发展，放到近代历史中考察，放到世界历史中去看待，可以得出结论：中国特色社会主义是在改革开放40多年的伟大实践中得来的，是在中华人民共和国成立70多年的持续探索中得来的，是在我们党领导人民进行伟大社会革命100多年的实践中得来的，是在近代以来中华民族由衰到盛170多年的历史进程中得来的，是在对中华文明5000多年的传承发展中得来的，是党和人民历经千辛万苦、付出各种代价取得的宝贵成果。

（一）中国特色社会主义是近代以来中国社会发展的必然选择

中国近代史以1840年鸦片战争为起点。鸦片战争以后，由于西方列强入侵和封建统治腐败，中国逐步成为半殖民地半封建社会，国家蒙辱、人民蒙难、文明蒙尘，中华民族遭受了前所未有的劫难。历史把两大任务摆在了中国人民面前，一是争取民族独立、人民解放，二是实现国家富强、人民幸福。为了拯救民族危亡，中国人民奋起反抗，仁人志士奔走呐喊，进

---

[1] 《习近平谈治国理政》第四卷，外文出版社2022年版，第10页。

行了可歌可泣的斗争。农民阶级为了挽救民族危亡揭竿而起，显示出了巨大的革命潜力，但终因阶级局限性和缺少科学理论指导，而无法担负起领导反帝反封建斗争的历史重任。地主阶级改良派引进西方的"坚船利炮"，想从技术上挽救中国，却以甲午战争失败而告终。资产阶级改良派认识到，仅从技术上学习西方是不行的，还须从制度上学习，通过制度改变来挽救危亡的中国，但最终也以失败结束。资产阶级革命派推翻清王朝的统治，革命虽然取得了巨大成功，但资产阶级的局限性注定了其命运的悲哀。在各种主义失效的窘境面前，十月革命一声炮响，给中国送来了马克思主义，中国产生了共产党，中国革命的面貌从此焕然一新。

习近平总书记说，一个国家实行什么样的主义，关键要看这个主义能否解决这个国家面临的历史性课题。新中国成立前28年，我们党领导人民完成新民主主义革命，中国发展从此开启新纪元。新中国成立后，我们党领导人民进行了社会主义革命，完成了中华民族有史以来最广泛而深刻的社会变革。在我们这样一个半殖民地半封建社会建设社会主义是前无古人的事业，没有现成的模式可循。我国社会主义基本制度建立后，我们党对怎样在中国建设社会主义进行了长期

第七章　坚定中国特色社会主义共同理想

探索,取得重要成就,也经历了严重曲折,但党在社会主义革命和建设中取得的独创性理论成果和巨大成就,为在新的历史时期开创中国特色社会主义提供了宝贵经验、理论准备、物质基础。党的十一届三中全会以后,在坚持中国共产党领导和我国社会主义制度的前提下,我们党领导人民进行改革开放,在社会主义道路、理论、制度、文化上进行了一系列革命性变革,开辟了中国特色社会主义道路。历史证明,改革开放是决定当代中国前途命运的关键一招,中国特色社会主义道路是指引中国发展繁荣的正确道路,中国大踏步赶上了时代。

（二）中国特色社会主义是党和人民历经千辛万苦、付出各种代价取得的宝贵成果

中国共产党是具有独立自主精神的党,在奋斗实践中,十分重视从中国实际出发来找到一条正确的道路。习近平总书记深刻指出:"古今中外的历史都告诉我们,世界上没有一个民族能够亦步亦趋走别人的道路实现自己的发展振兴,也没有一种一成不变的道路可以引导所有民族实现发展振兴;一切成功发展振兴的民族,都是找到了适合自己实际的道路的民族。"[①]

[①] 习近平:《在纪念孙中山先生诞辰150周年大会上的讲话》,《人民日报》2016年11月12日。

在革命、建设、改革各个历史时期,我们党坚持从我国国情出发,探索并形成符合中国实际的正确道路,这是党的事业不断从胜利走向胜利的真谛。新民主主义革命时期,以毛泽东同志为主要代表的中国共产党人,把马克思列宁主义基本原理同中国具体实际相结合,开辟了农村包围城市、武装夺取政权的正确革命道路,夺取了新民主主义革命胜利。新中国成立后,以毛泽东同志为主要代表的中国共产党人,把马克思列宁主义基本原理同中国具体实际进行"第二次结合",提出要以苏为鉴,独立探索适合中国国情的社会主义建设道路,以毛泽东同志发表《论十大关系》《关于正确处理人民内部矛盾的问题》为主要标志,我们党对怎样建设社会主义有了自己新的重要认识。党的十一届三中全会以后,以邓小平同志为主要代表的中国共产党人,明确提出把马克思主义的普遍真理同我国的具体实际结合起来,走自己的道路,建设有中国特色的社会主义,用新的思想观点继承和发展了马克思主义,开拓了马克思主义新境界,把对社会主义的认识提高到新的科学水平,成功开创了中国特色社会主义。党的十八大以来,以习近平同志为主要代表的中国共产党人,明确坚持和发展中国特色社会主义,总任务是实现社会主义现代化和中华民族伟大复兴,在全面建成小康社会的基础上,分两步走在本世纪中叶建成富强民主文明和谐美丽的社会主义现代化强国,以中国式现代化推进中华民族伟大复兴。中国特色社会主义道路形成和发展的历史告诉我们,主义从来不是书斋里的理论,实行什么样的主义,是和解决现实问题紧密联系的,实现国家富强、民族振兴、人民幸福,既不能走封闭僵化的老路,更不能走改旗易帜的邪路,中国特色社会主义道路是指引中国发展繁荣的正确道路。

(三)中国特色社会主义是世界社会主义的重要组成部分

习近平总书记指出:"中国特色社会主义开创于改革开放新时期,但了解其形成和发展的脉络,认识其历史必然性和科学真理性,应该拉长时间尺度,放在世界社会主义演进的历程中去把握。"[①] 社会主义500年,经过了从空想到科学、从理论到实践、从一国实践到多国发展的过程。习近平总书记在新进中央委员会的委员、候补委员学习贯彻党的十八大精神研讨班上的讲话中,从空想社会主义产生和发展、马克思恩

[①] 习近平:《坚持和发展中国特色社会主义要一以贯之》,《求是》2022年第18期。

格斯创立科学社会主义理论体系、列宁领导十月革命胜利并实践社会主义、苏联模式逐步形成、新中国成立后我们党对社会主义的探索和实践、我们党开创和发展中国特色社会主义，分6个时间段对社会主义500年的历史进行了系统回顾和梳理，展现了中国特色社会主义的历史渊源和发展进程。从世界社会主义思想的源头及其演进来看待中国特色社会主义，可以清楚地看到，中国特色社会主义在中国取得的巨大成功，是科学社会主义在中国的成功，这对马克思主义、科学社会主义的意义，对世界社会主义的意义，都十分重大。如果中国共产党领导和我国社会主义制度也在东欧剧变、苏联解体、苏共垮台那场多米诺骨牌式的变化中倒塌了，或者因为其他原因失败了，那社会主义实践就可能又要长期在黑暗中徘徊了，又要像马克思所说的那样作为一个幽灵在世界上徘徊了。中国特色社会主义正成为21世纪科学社会主义发展的旗帜，成为振兴世界社会主义的中流砥柱。

二、中国特色社会主义是社会主义而不是其他什么主义

习近平总书记旗帜鲜明地指出："中国特色社会主

义,既坚持了科学社会主义基本原则,又根据时代条件赋予其鲜明的中国特色。这就是说,中国特色社会主义是社会主义,不是别的什么主义。"① 这一重要论述彰显了党在历史自觉上的清醒和政治自信上的坚定,体现了科学社会主义理论逻辑和中国社会发展历史逻辑的统一。

(一)中国特色社会主义坚持了科学社会主义基本原则

科学社会主义是马克思、恩格斯在继承人类优秀思想成果、深入社会实践的基础上创立的,揭示了人类社会发展规律、资本主义社会矛盾运动规律以及人类社会最终走向共产主义的必然趋势。"和中国特色社会主义相联系和对应的科学社会主义的基本原则,基本上是马克思、恩格斯对未来社会的科学预想部分。……'原则'指的是对某一事物总的方向和规定,明确应如何做和不应如何做,要求人们在实践中按其规定行事,具有较强的刚性特点。"② 马克思、恩格斯在对未来社会主义社会的发展过程、发展方向、一般特

---

① 中共中央文献研究室编:《十八大以来重要文献选编》(上),中央文献出版社2014年版,第109页。
② 赵曜:《中国特色社会主义是科学社会主义基本原则的创造性运用和发展》,《科学社会主义》2013年第2期。

征进行科学预测和设想时认为，对社会主义社会和资本主义社会具有决定意义的差别主要包括：在生产资料公有制基础上组织生产，满足全体社会成员的需要是社会主义生产的根本目的；对社会生产进行有计划的指导和调节，实行等量劳动领取等量产品的按劳分配原则；合乎自然规律地改造和利用自然；无产阶级革命是无产阶级进行斗争的最高形式，必须由无产阶级政党领导，以建立无产阶级专政的国家为目的；通过无产阶级专政和社会主义高度发展最终实现向消灭阶级、消灭剥削、实现人的全面而自由发展的共产主义社会的过渡；等等。这些预测和设想，勾勒了科学社会主义基本原则，是中国特色社会主义的"根"和"源"。

中国特色社会主义坚持科学社会主义基本原则，写好写精彩坚持和发展科学社会主义这篇大文章。坚持党对一切工作的领导，明确中国特色社会主义最本质的特征和最大优势是中国共产党领导；坚持把实现共产主义作为党的最高理想和最终目标，反复强调理想信念对于共产党人的极端重要性；坚持以人民为中心，全心全意为人民服务，把人民对美好生活的向往作为奋斗目标，把让老百姓过上好日子作为一切工作的出发点和落脚点；坚持和完善社会主义基本经济制度和分配制度，强调公有制主体地位不能动摇，强调坚持按劳分配原则；坚持解放和发展社会生产力，强调以经济建设为中心；坚持走共同富裕道路，促进人的全面发展；等等。这些都在新的历史条件下体现了科学社会主义基本原则，赓续了科学社会主义基因血脉。

（二）中国特色社会主义根据时代条件赋予科学社会主义鲜明的中国特色

恩格斯指出："所谓'社会主义社会'不是一种一成不变的东西，而应当和任何其他社会制度一样，把它看成是经常变化和改革的社会。"[①] 习近平总书记也强调："科学社会主义和空想社会主义的一大区别，就在于它不是一成不变的教条，而是把社会主义看作一个不断完善和发展的实践过程。"[②] "守正就不能偏离马克思主义、社会主义，但不是刻舟求剑，还要往前发展、与时俱进，否则就是僵化的、陈旧的、过时的。"[③] 在中国特色社会主义发展实践中，中国共产党坚持以马克思主义为指导，着眼解决改革开放和社会主义现代化建设的实际问题，创造性地把科学社会主

[①] 《马克思恩格斯文集》第十卷，人民出版社2009年版，第588页。
[②] 中共中央宣传部编：《习近平新时代中国特色社会主义思想学习问答》，学习出版社、人民出版社2021年版，第58页。
[③] 习近平：《思政课是落实立德树人根本任务的关键课程》，《求是》2020年第17期。

义基本原则运用于中国实际，不断推进理论创新、实践创新、制度创新、文化创新以及其他各方面创新，敢为天下先，走出了前人没有走出的路，作出符合中国实际和时代要求的正确回答，得出符合客观规律的科学认识。中国特色社会主义不仅没有背离科学社会主义，而且恰恰是在坚持科学社会主义基本原则同中国具体实际、历史文化传统、时代要求相结合的过程中，得以丰富和发展。比如，丰富发展社会主义本质论，创新提出社会主义市场经济理论；丰富发展社会主义发展阶段理论，创新提出社会主义初级阶段理论；丰富发展马克思主义国家学说，创新提出坚持和完善中国特色社会主义制度，推进国家治理体系和治理能力现代化；丰富发展马克思主义党建理论，创新提出推进党的自我革命；丰富发展马克思主义人与自然关系的学说，创新提出生态文明思想；丰富发展马克思主义世界历史理论，创新提出构建人类命运共同体；等等。中国特色社会主义在中国取得巨大成功表明，中国特色社会主义是科学社会主义理论逻辑和中国社会发展历史逻辑的辩证统一，是植根于中国大地、反映中国人民意愿、适应中国和时代发展进步要求的科学社会主义，意味着科学社会主义在 21 世纪的中国焕发出强大生机活力。

第七章　坚定中国特色社会主义共同理想

（三）中国特色社会主义这条路走得对、走得通、走得好

道路走得怎么样，最终要靠事实来说话。新中国成立70多年特别是改革开放40多年来，我国实现了从高度集中的计划经济体制到充满活力的社会主义市场经济体制、从封闭半封闭到全方位开放的历史性转变，实现了从生产力相对落后的状况到经济总量跃居世界第二的历史性突破，实现了人民生活从温饱不足到总体小康、奔向全面小康的历史性跨越，经济实力、综合国力大幅提升，人民生活显著改善，国际地位空前提升。习近平总书记指出："当今世界，要说哪个政党、哪个国家、哪个民族能够自信的话，那中国共产党、中华人民共和国、中华民族是最有理由自信的。"[①] 中国特色社会主义这条路走得怎么样，人民最清楚，最有发言权，人民的获得感、幸福感、安全感最有说服力。有些舆论质疑中国搞的是"资本社会主义""国家资本主义""新官僚资本主义"的论调，有的是想把中国拉回到老路上，有的是想让中国走到邪路上去，都是完全错误的。"鞋子合不合脚，自己穿了才知道。"事实一再证明，中国特色社会主义这条道路，是走得

---

① 习近平：《论中国共产党历史》，中央文献出版社2021年版，第125页。

对、走得通、走得好的，我们必须要坚定不移走下去。要始终保持定力，清醒而坚定地把准方向，既不走封闭僵化的老路，也不走改旗易帜的邪路，不惧任何干扰和风险，真正做到"千磨万击还坚劲，任尔东西南北风"。

三、坚定道路自信、理论自信、制度自信和文化自信

中国特色社会主义是道路、理论、制度、文化的统一。中国特色社会主义道路是旗帜方向，中国特色社会主义理论体系是行动指南，中国特色社会主义制度是根本保障，中国特色社会主义文化是精神力量，这四者统一于中国特色社会主义伟大实践中，是中国特色社会主义的根本标志。中国特色社会主义的道路自信、理论自信、制度自信、文化自信，来源于实践、来源于人民、来源于真理。

（一）坚定道路自信

中国特色社会主义是党和人民历经千辛万苦、付出巨大代价取得的根本成就，是实现中华民族伟大复兴的正确道路。脚踏中华大地，传承中华文明，走符

合中国国情的正确道路,党和人民就具有无比广阔的舞台,具有无比深厚的历史底蕴,具有无比强大的前进定力。我们坚持和发展中国特色社会主义,推动物质文明、政治文明、精神文明、社会文明、生态文明协调发展,创造了中国式现代化新道路,创造了人类文明新形态。必须坚定道路自信,坚持党的基本理论、基本路线、基本方略,统筹推进"五位一体"总体布局、协调推进"四个全面"战略布局,全面深化改革开放,立足新发展阶段,完整、准确、全面贯彻新发展理念,构建新发展格局,推动高质量发展,推进科技自立自强,保障人民当家作主,坚持依法治国,坚持社会主义核心价值体系,坚持在发展中保障和改善民生,坚持人与自然和谐共生,协同推进人民富裕、国家强盛、中国美丽。

(二)坚定理论自信

马克思主义是我们立党立国、兴党兴国的根本指导思想。实践告诉我们,中国共产党为什么能,中国特色社会主义为什么好,归根到底是马克思主义行,是中国化时代化的马克思主义行。拥有马克思主义科学理论指导是我们党坚定信仰信念、把握历史主动的根本所在。必须坚持马克思列宁主义、毛泽东思想、邓小平理论、"三个代表"重要思想、科学发展观，全面贯彻习近平新时代中国特色社会主义思想，坚持把马克思主义基本原理同中国具体实际相结合、同中华优秀传统文化相结合，用马克思主义观察时代、把握时代、引领时代，继续发展当代中国马克思主义、21世纪马克思主义！

（三）坚定制度自信

制度优势是一个国家的最大优势，制度竞争是国家间最根本的竞争。制度稳则国家稳。中国特色社会主义制度是一个严密完整的科学制度体系，起四梁八柱作用的是根本制度、基本制度、重要制度，其中具有统领地位的是党的领导制度。党的领导制度是我国的根本领导制度。制度更加成熟更加定型是一个动态过程，治理能力现代化也是一个动态过程，不可能一蹴而就，也不可能一劳永逸。国家制度和国家治理体系建设，必须随着实践发展而与时俱进，既不能过于理想化、急于求成，也不能盲目自满、故步自封。必须突出坚持和完善支撑中国特色社会主义制度的根本制度、基本制度、重要制度，着力固根基、扬优势、补短板、强弱项，构建系统完备、科学规范、运行有效的制度体系。

第七章　坚定中国特色社会主义共同理想

（四）坚定文化自信

文化自信是更基础、更广泛、更深厚的自信，是一个国家、一个民族发展中更基本、更深沉、更持久的力量。文化自信从历史传承中来，从革命奋斗中来，从改革创新中来，没有高度的文化自信，没有文化的繁荣兴盛，就没有中华民族伟大复兴。中国特色社会主义文化代表着中华民族独特的精神标识，是积淀着中华民族最深沉的精神追求，是激励全党全国各族人民奋勇前进的强大精神力量。中华优秀传统文化、革命文化和社会主义先进文化共同构成了中国特色社会主义文化，它是中华民族的精神之根和思想之魂。中国特色社会主义文化，源自中华民族5000多年文明历史所孕育的中华优秀传统文化，熔铸于党领导人民在革命、建设、改革中创造的革命文化和社会主义先进文化，植根于中国特色社会主义伟大实践。要坚定文化自信，不断推进中华优秀传统文化的创造性转化和创新性发展，继承革命文化，发展社会主义先进文化，以更加自信的心态、更加宽广的胸怀，不断激发全民族文化创造活力，更好构筑中国精神、中国价值、中国力量，为人民提供精神指引。

四、坚持和发展中国特色社会主义要一以贯之

习近平总书记指出:"坚持和发展中国特色社会主义是一篇大文章,邓小平同志为它确定了基本思路和基本原则,以江泽民同志为核心的党的第三代中央领导集体、以胡锦涛同志为总书记的党中央在这篇大文章上都写下了精彩的篇章。现在,我们这一代共产党人的任务,就是继续把这篇大文章写下去。"[①] 把中国特色社会主义建设好、建设成,需要一个很长的历史时期。邓小平同志说:"巩固和发展社会主义制度,还需要一个很长的历史阶段,需要我们几代人、十几代人,甚至几十代人坚持不懈地努力奋斗,决不能掉以轻心。"[②] 经过长期努力,中国特色社会主义进入了新时代,赋予党的历史使命、理论遵循、目标任务以新的时代内涵,要紧紧围绕坚持和发展中国特色社会主义这个主题,适应中国特色社会主义发展的新要求,接力探索,接续奋斗,让社会主义在中国展现出更加强大的生命力。

[①] 习近平:《关于坚持和发展中国特色社会主义的几个问题》,《求是》2019年第7期。

[②] 《邓小平文选》第三卷,人民出版社1993年版,第379—380页。

第七章　坚定中国特色社会主义共同理想

（一）要始终坚持和加强党的全面领导

党的领导是党和国家的根本所在、命脉所在，是全国各族人民的利益所系、命运所系。全面建设社会主义现代化国家、全面推进中华民族伟大复兴，关键在党。习近平总书记在党的二十大报告中强调"五个必由之路"，深刻阐明"这是我们在长期实践中得出的至关紧要的规律性认识，必须倍加珍惜、始终坚持"，其中第一个就是"坚持党的全面领导是坚持和发展中国特色社会主义的必由之路"。前进道路上，要深刻领悟"两个确立"的决定性意义，增强"四个意识"、坚定"四个自信"、做到"两个维护"，坚决维护党中央权威和集中统一领导。不断提高政治判断力、政治领悟力、政治执行力，健全总揽全局、协调各方的党的领导制度体系，完善党中央重大决策部署落实机制，把党的领导落实到党和国家事业各领域各方面各环节，确保全党在政治立场、政治方向、政治原则、政治道路上始终同以习近平同志为核心的党中央保持高度一致，确保全党全国各族人民在党的旗帜下团结成"一块坚硬的钢铁"。

（二）要准确把握我国社会主要矛盾的变化

人类社会是在矛盾运动中不断向前发展的，社会主要矛盾在社会矛盾运动中居于主导地位。抓住主要矛盾带动全局工作，是唯物辩证法的要求，也是我们党一贯倡导和坚持的方法。中国特色社会主义进入新时代，我国社会主要矛盾已经转化为人民日益增长的美好生活需要和不平衡不充分的发展之间的矛盾。要清醒认识到，我国社会主要矛盾的变化，没有改变我们对我国社会主义所处历史阶段的判断，我国仍处于并将长期处于社会主义初级阶段的基本国情没有变，我国是世界最大发展中国家的国际地位没有变。坚持和发展中国特色社会主义，要牢牢把握社会主义初级阶段这个基本国情，牢牢立足社会主义初级阶段这个最大实际，牢牢坚持党的基本路线，既不落后于时代，也不能脱离实际、超越阶段。

（三）要不断开辟马克思主义中国化时代化新境界

党的十八大以来，面对国内外形势新变化和实践新要求，我们党勇于进行理论探索和创新，以全新的视野深化对共产党执政规律、社会主义建设规律、人类社会发展规律的认识，取得重大理论创新成果，集中体现为习近平新时代中国特色社会主义思想。习近平新时代中国特色社会主义思想为新时代党和国家事业发展提供了根本遵循，是当代中国马克思主义、

21世纪马克思主义,是中华文化和中国精神的时代精华,实现了马克思主义中国化时代化新的飞跃,为党和国家事业取得历史性成就、发生历史性变革提供了科学指导,必须长期坚持并不断丰富发展。在全面建设社会主义现代化国家新征程上,要把握好新时代中国特色社会主义思想的世界观和方法论,坚持好、运用好贯穿其中的立场观点方法,继续推进实践基础上的理论创新,在新时代伟大实践中不断开辟马克思主义中国化时代化新境界。

(四)要坚持以中国式现代化全面推进中华民族伟大复兴

中国共产党百年来团结带领中国人民所进行的一切奋斗,就是为了把我国建设成为现代化强国,实现中华民族伟大复兴。在这个过程中,我们党对建设社会主义现代化国家在认识上不断深入、在战略上不断成熟、在实践上不断丰富,开创了中国式现代化道路。习近平总书记在党的二十大报告中深刻阐述中国式现代化的科学内涵、中国特色和本质要求,强调坚持以中国式现代化全面推进中华民族伟大复兴。历史和实践已经证明,中国式现代化道路契合我国实际,这条道路不仅走得对、走得通,而且越走越宽广。奋进全面建设社会主义现代化国家新征程,要坚持以中国式现代化全面推进中华民族伟大复兴,不断创造新的发展奇迹,为发展自身和造福世界作出新的更大贡献。

第八章　青年的理想信念关乎国家未来

习近平总书记指出，"青年的理想信念关乎国家未来。青年理想远大、信念坚定，是一个国家、一个民族无坚不摧的前进动力"，因为"青年是整个社会力量中最积极、最有生气的力量，国家的希望在青年，民族的未来在青年"。① 一百年来，在中国共产党的旗帜下，一代代中国青年把青春奋斗融入党和人民事业，成为实现中华民族伟大复兴的先锋力量。正因为有了一代代中国青年的加入，中国共产党始终充满青春气质和理想情怀，只有对青年一代进行理想信念教育，坚定青年的马克思主义的信仰、中国特色社会主义的信念和实现中华民族伟大复兴的信心，才能确保党的事业薪火相传、中华民族永续发展。

一、火热的青春，需要坚定的理想信念

习近平总书记指出："志存高远方能登高望远，胸

---

① 习近平：《论中国共产党历史》，中央文献出版社2021年版，第243页。

怀天下才可大展宏图。火热的青春，需要坚定的理想信念。我们党用'共产主义'为团命名，就是希望党的青年组织永远站在理想信念的高地上，用党的科学理论武装青年，用党的初心使命感召青年，用党的光辉旗帜指引青年，用党的优良作风塑造青年。"[1] 青年志存高远，把自己的小我融入祖国的大我、人民的大我之中，与时代同步伐、与人民共命运，才能激发奋进潜力，才能更好实现人生价值、升华人生境界，青春岁月才不会像无舵之舟漂泊不定。离开了祖国需要、人民利益，任何孤芳自赏都会陷入越走越窄的狭小天地。

（一）中国青年运动史就是青年在党的领导下不懈奋斗的历史

青年的命运，从来都同时代紧密相连。近代以来，青春力量的觉醒，与马克思主义在中国的传播紧密相连。五四运动促进了马克思主义在中国的传播，也推动着中国青年成为中国社会变革的急先锋。中国共产党始终关注青年，重视青年，把革命的希望寄予青年。中国共产党从成立时起，党的一大就专门研究建立和

---

[1] 习近平：《在庆祝中国共产主义青年团成立100周年大会上的讲话》，《人民日报》2022年5月11日。

第八章　青年的理想信念关乎国家未来

发展青年团作为党的预备学校的问题。1922年5月5日，在中国共产党直接关怀和领导下，中国社会主义青年团第一次代表大会在广州召开，宣告成立中国社会主义青年团，明确中国社会主义青年团是中国青年无产阶级的组织，最终奋斗目标是建立共产主义社会。1925年1月，中国社会主义青年团在上海召开第三次全国代表大会时，将名称改为中国共产主义青年团，发表《宣言》宣告："共产主义是帝国主义、军阀以及一切反革命派所最恐怖的名辞，我们正应当很勇敢地揭示我们共产主义者真面目，让他们在我们的面前发抖。"[①] 共青团从诞生之日起，就以党的旗帜为旗帜、以党的意志为意志、以党的使命为使命，把坚持党的领导深深融入血脉之中，形成了区别于其他青年组织的根本特质和鲜明优势。新民主主义革命时期，广大青年踊跃投身反帝反封建的工人运动、农民运动、学生运动，积极参加党领导的革命武装，在打倒军阀、抗日救亡、推翻国民党反动统治的伟大斗争中冲锋陷阵，展现出不怕牺牲、浴血斗争的精神风貌。社会主义革命和建设时期，广大团员青年激发"敢教日月换新天"的豪情，喊出"把青春献给祖国"的响亮口

---

① 转引自胡献忠：《团中央的"第一书记"》，《环球人物》2016年第22期。

号,向科学进军,向困难进军,向荒原进军,展现出敢于拼搏、辛勤劳动的精神风貌。改革开放和社会主义现代化建设新时期,广大团员青年发出"团结起来、振兴中华"的时代强音,在现代化建设各条战线上勇立潮头,展现出敢闯敢干、引领风尚的精神风貌。中国特色社会主义新时代,广大团员青年在脱贫攻坚战场摸爬滚打,在科技攻关岗位奋力攀登,在抢险救灾前线冲锋陷阵,在疫情防控一线披甲出征,在奥运竞技赛场奋勇争先,在保卫祖国哨位威武守护,在党和人民最需要的时刻冲得出来、顶得上去,展现出自信自强、刚健有为的精神风貌。回首历史,一代代青年坚定信念、紧跟党走,为争取民族独立、人民解放和实现国家富强、人民幸福贡献力量。在党的坚强领导下,在理想信念的指引下,一代代青年踔厉奋发、拼搏奋斗,成为实现中华民族伟大复兴征程上的先锋力量。

(二)中国青年始终是实现中华民族伟大复兴的先锋力量

时代总是把历史责任赋予青年。习近平总书记指出:"没有广大人民特别是一代代青年前赴后继、艰苦卓绝的接续奋斗,就没有中国特色社会主义新时代的

第八章 青年的理想信念关乎国家未来

今天,更不会有实现中华民族伟大复兴的明天。"① 五四运动前后,一大批率先接受新思想、新文化、新知识的有志青年在反复比较中选择了马克思列宁主义,促进中国人民和中华民族实现了自鸦片战争以来的第一次全面觉醒。1921年7月,平均年龄仅28岁的13位代表参加中国共产党第一次全国代表大会,宣告了中国共产党诞生这一开天辟地的大事变,吹响了全民族觉醒和奋起的号角,开启了民族复兴的新纪元。一代代青年在党的领导下接续拼搏、勇毅前行,为中华民族迎来从站起来、富起来到强起来的伟大飞跃贡献了青春、建立了重要功勋。中国特色社会主义进入新时代,中华民族迎来了从站起来、富起来到强起来的伟大飞跃,实现中华民族伟大复兴进入了不可逆转的历史进程。实现中华民族伟大复兴,是近代以来中华民族最伟大的梦想,需要一代又一代青年接续奋斗。习近平总书记在庆祝中国共产党成立100周年大会上发出号召:"新时代的中国青年要以实现中华民族伟大复兴为己任,增强做中国人的志气、骨气、底气,不负时代,不负韶华,不负党和人民的殷切期望!"② 每一代青年都有自己的际遇和机缘。新时代中国青年生

---

① 习近平:《论中国共产党历史》,中央文献出版社2021年版,第245页。
② 《习近平谈治国理政》第四卷,外文出版社2022年版,第14页。

逢中华民族发展的最好时期，拥有更优越的发展环境、更广阔的成长空间，面临着建功立业的难得人生际遇，实现出彩人生的舞台越来越宽阔。新时代中国青年的使命，就是坚持中国共产党领导，同人民一道，为实现第二个百年奋斗目标、实现中华民族伟大复兴的中国梦而奋斗。广大青年要准确把握当今世界百年未有之大变局和中华民族伟大复兴战略全局，自觉树立听党话、跟党走的价值追求，牢记党的教诲，立志民族复兴，让青春在新时代改革开放的广阔天地中绽放，让人生在实现中国梦的奋进追逐中展现出勇敢奔跑的英姿，努力成长为堪当民族复兴大任的时代新人，跑出当代青年的风采。

（三）把青年培养造就成德智体美劳全面发展的社会主义建设者和接班人，是事关党和国家前途命运的重大战略任务

党和人民事业发展需要一代代中国共产党人接续奋斗，必须抓好后继有人这个根本大计。党的十八大以来，习近平总书记把培养接班人置于党和国家事业发展的百年大计的高度予以推进，亲自擘画、亲自部署，围绕为什么要培养造就堪当时代重任的接班人、培养造就什么样的堪当时代重任的接班人、怎样培养

第八章 青年的理想信念关乎国家未来

造就堪当时代重任的接班人发表了一系列重要论述。习近平总书记明确指出：社会主义建设者和接班人，定语就是"社会主义"，这是我们对培养什么人的本质规定。我们培养的人，必须树立共产主义远大理想和中国特色社会主义共同理想。没有这一条，培养社会主义建设者和接班人就不成立了。培养社会主义接班人，这是事关党和国家长远发展和长治久安的大是大非问题，如果丢掉"社会主义"这个定语培养"接班人"，就是在犯根本性、颠覆性的错误。1957年2月，毛泽东同志在《关于正确处理人民内部矛盾的问题》讲话中，第一次正式阐述"我们的教育方针，应该使受教育者在德育、智育、体育几方面都得到发展，成为有社会主义觉悟的有文化的劳动者"[①]。1985年5月，《中共中央关于教育体制改革的决定》明确提出，"教育必须为社会主义建设服务，社会主义建设必须依靠教育"。2002年11月，党的十六大报告明确提出："坚持教育为社会主义现代化建设服务，为人民服务，与生产劳动和社会实践相结合，培养德智体美全面发展的社会主义建设者和接班人。"[②] 为党育人，为国育

---

① 《毛泽东文集》第七卷，人民出版社1999年版，第226页。
② 江泽民：《全面建设小康社会，开创中国特色社会主义事业新局面——在中国共产党第十六次全国代表大会上的报告》，《人民日报》2002年11月18日。

才,这是党的教育方针百年流变中的未变之根本。青年富于思辨精神,面临各种社会思潮的现实影响,不可避免会在理想和现实、主义和问题、利己和利他、小我和大我、民族和世界等方面遇到思想困惑,更加需要深入细致地教育和引导。要立足党的事业后继有人这一根本大计,牢牢把握培养社会主义建设者和接班人这个根本任务,从政治上着眼、从思想上入手、从青年特点出发,教育引导青年用敏锐的眼光观察社会,用清醒的头脑思考人生,帮助青年早立志、立大志,从内心深处厚植对党的信赖、对中国特色社会主义的信心、对马克思主义的信仰,在思想洗礼中、在实践锻造中不断增强做中国人的志气、骨气、底气,让革命薪火代代相传!

二、青年要自觉践行社会主义核心价值观

核心价值观是一个民族赖以维系的精神纽带,是一个国家共同的思想道德基础。如果没有共同的核心价值观,一个民族、一个国家就会魂无定所、行无依归。能否构建具有强大感召力的核心价值观,关系社会和谐稳定,关系国家长治久安。习近平总书记强调:"我为什么要对青年讲讲社会主义核心价值观这个问

第八章　青年的理想信念关乎国家未来

题？是因为青年的价值取向决定了未来整个社会的价值取向，而青年又处在价值观形成和确立的时期，抓好这一时期的价值观养成十分重要。这就像穿衣服扣扣子一样，如果第一粒扣子扣错了，剩余的扣子都会扣错。人生的扣子从一开始就要扣好。"[1] 培育和践行社会主义核心价值观，是关系建设什么样的国家、建设什么样的社会、培育什么样的公民的重大问题，广大青年要自觉做社会主义核心价值观的坚定信仰者、积极传播者、模范践行者，把正确的道德认知、自觉的道德养成、积极的道德实践紧密结合起来，积极践行社会主义核心价值观，助力社会文明程度实现新提高。

（一）培育和践行社会主义核心价值观的重大意义

人类社会发展的历史表明，对一个民族、一个国家来说，最持久、最深层的力量是全社会共同认可的核心价值观。核心价值观，承载着一个民族、一个国家的精神追求，体现着一个社会评判是非曲直的价值标准。社会主义核心价值观同民族的历史文化相契合，同正在进行的奋斗相结合，同需要解决的时代问题相适应，从价值层面深入回答了中国特色社会主义的本

---

[1] 中共中央文献研究室编：《十八大以来重要文献选编》（中），中央文献出版社 2016 年版，第 6 页。

质特征，指出了未来社会精神价值的归宿，为社会长远、稳定发展提供了根本价值遵循，为制度设计、决策部署、法律制定提供了最终价值依托，体现了中国特色社会主义是全面发展、全面进步的社会主义。社会主义核心价值观蕴含着人们对世界、人生、社会等一系列重大问题的价值共识，找到了全体社会成员在价值认同上的最大公约数，为有效引领整合纷繁复杂的社会思想意识提供了思想上精神上的灵魂旗帜。社会主义核心价值观，用最简洁的语言介绍和说明中国，有利于增强社会主义意识形态的竞争力，树立国家良好形象，提升国家文化软实力，进而维护国家文化利益和意识形态安全。面对世界范围内思想文化交流交融交锋形势下价值观较量的新态势，面对改革开放和发展社会主义市场经济条件下思想意识多元多样多变的新特点，积极培育和践行社会主义核心价值观，对于巩固马克思主义在意识形态领域的指导地位、巩固全党全国人民团结奋斗的共同思想基础，凝聚实现中华民族伟大复兴中国梦的强大正能量，具有重要现实意义和深远历史意义。

（二）培育和践行社会主义核心价值观的丰富内涵

社会主义核心价值观，从国家、社会和公民三个

第八章 青年的理想信念关乎国家未来

层面概括了价值目标、价值取向和价值准则。富强、民主、文明、和谐是国家层面的价值要求,自由、平等、公正、法治是社会层面的价值要求,爱国、敬业、诚信、友善是公民层面的价值要求。社会主义核心价值观的显著特征就是体现国家、社会与个体的内在统一,规定着国家和社会发展的基本方向,为国家建设和社会发展提供先进的、根本的价值导向和理想信念,提供明确的、稳定的价值依据和评判标准,从而影响经济、政治、文化和社会生活的方方面面,影响每个社会成员的思想观念、思维方式、行为规范。

从国家层面来讲,建设富强、民主、文明、和谐的社会主义现代化国家,实现中华民族伟大复兴,是鸦片战争以来中国人民最伟大的梦想,是中华民族的最高利益和根本利益。通过持之以恒的奋斗,把我们的国家建设得更加富强、更加民主、更加文明、更加和谐、更加美丽,让中华民族以更加自信、更加自强的姿态屹立于世界民族之林,是我们的目标,也是我们的责任,要保持战略定力和坚定信念,坚定不移走自己的路,朝着自己的目标前进。

从社会层面来讲,自由、平等、公正、法治的价值要求坚持以马克思主义立场、观点、方法为思想武器,归纳概括了马克思主义经典作家对社会主义本质属性的科学阐述，吸收借鉴包括资本主义文明成果在内的人类文明共同成果和价值共识，既保持了独特的个性，又将这种个性置于整个人类文明的大背景下，与人类文明进步方向一致，体现了社会主义制度超越资本主义制度的优越性，既反对把西方的价值观念作为"普世价值"，又不把属于人类社会普遍追求的精神价值拱手让给西方。

从个人层面来讲，爱国、敬业、诚信、友善作为公民基本道德规范，从个人的政治道德、职业道德以及德性品格，强调了社会主义社会公民应当具有的核心道德价值，覆盖社会道德生活的各个领域，是公民必须恪守的基本道德准则，也是评价公民道德行为选择的基本价值标准。社会主义核心价值观传承中华优秀传统文化的基因，体现中华文化特色，烙上中华文化的精神印记，展示出浑厚深沉的历史韵味和中国气派。

（三）培育和践行社会主义核心价值观的基本要求

习近平总书记强调，广大青年树立和培育社会主义核心价值观，要在勤学、修德、明辨、笃实上下功夫。[①] 这四个方面，既对培育和践行社会主义核心价值

---

① 参见《习近平谈治国理政》第一卷，外文出版社2018年版，172—173页。

第八章 青年的理想信念关乎国家未来

观提出了基本要求,又指明了其重要途径和有效方法。勤学,就是要把知识作为树立核心价值观的重要基础,勤于学习、敏于求知,贵在勤奋、贵在钻研、贵在有恒,注重把所学知识内化于心,形成自己的见解,既专攻博览,又关心国家、关心人民、关心世界,学会担当社会责任。修德,就是既要立意高远,又要立足平实,把报效祖国、服务人民和做好小事、管好小节统一起来,踏踏实实修好公德、私德,学会劳动、学会勤俭、学会感恩、学会助人、学会谦让、学会宽容、学会自省、学会自律。明辨,就是要善于明辨是非,善于决断选择,面对世界的深刻复杂变化,面对信息时代各种思潮的相互激荡,面对纷繁多变、鱼龙混杂、泥沙俱下的社会现象,面对学业、情感、职业选择等多方面的考量,树立正确的世界观、人生观、价值观,学会思考、善于分析、正确抉择,做到稳重自持、从容自信、坚定自励。笃实,就是要扎扎实实干事,踏踏实实做人,于实处用力,把艰苦环境作为磨炼自己的机遇,把小事当作大事干,一步一个脚印往前走,从知行合一上下功夫,迈稳步子、夯实根基、久久为功,才能把核心价值观内化为精神追求,外化为自觉行动。

核心价值观的培育和践行,是一个逐步积累、逐步认识、逐步形成共识的过程,不可能是朝夕之功。

习近平总书记强调:"核心价值观的养成绝非一日之功,要坚持由易到难、由近及远,努力把核心价值观的要求变成日常的行为准则,进而形成自觉奉行的信念理念。不要顺利的时候,看山是山、看水是水,一遇挫折,就怀疑动摇,看山不是山、看水不是水了。"① 广大青年要自觉把社会主义核心价值观融入日常生活,转化为真挚情感认同和日常行为习惯,成为日用而不觉的行为准则,形成有利于培育和践行社会主义核心价值观的生活情景和社会氛围,推动社会主义核心价值观在全面建设社会主义现代化国家的伟大实践中持续产生凝聚民力、团结奋斗的强大力量。

三、青年要做新时代的奋斗者

习近平总书记在党的二十大报告中指出:"广大青年要坚定不移听党话、跟党走,怀抱梦想又脚踏实地,敢想敢为又善作善成,立志做有理想、敢担当、能吃苦、肯奋斗的新时代好青年,让青春在全面建设社会主义现代化国家的火热实践中绽放绚丽之花。"② 幸福

---

① 中共中央文献研究室编:《十八大以来重要文献选编》(中),中央文献出版社2016年版,第8页。
② 《党的二十大报告辅导读本》编写组编著:《党的二十大报告辅导读本》,人民出版社2022年版,第64页。

第八章　青年的理想信念关乎国家未来

都是奋斗出来的。总书记的深情寄语，为广大青年奋进新征程指明了前进方向、提供了根本遵循。

（一）要在学习上下功夫

习近平总书记指出："青年人正处于学习的黄金时期，应该把学习作为首要任务，作为一种责任、一种精神追求、一种生活方式，树立梦想从学习开始、事业靠本领成就的观念，让勤奋学习成为青春远航的动力，让增长本领成为青春搏击的能量。"① 非学无以广才，非志无以成学。联合国教科文组织的研究表明，18世纪时知识更新周期为80年到90年；19世纪到20世纪初，知识更新周期缩短为30年；20世纪六七十年代，一般学科的知识更新周期为5年到10年；到了20世纪八九十年代，许多学科的知识更新周期缩短为5年；而进入21世纪，这个周期已缩短至2年到3年。② 习近平总书记强调："到了知识经济时代，一个人必须学习一辈子，才能跟上时代前进的脚步。"③ 全面建设社会主义现代化国家，会不断遇到新矛盾新问题，只

---

① 中共中央文献研究室编：《十八大以来重要文献选编》（上），中央文献出版社2014年版，第279页。
② 参见习近平：《在中央党校建校80周年庆祝大会暨2013年春季学期开学典礼上的讲话》，《人民日报》2013年3月3日。
③ 习近平：《在中央党校建校80周年庆祝大会暨2013年春季学期开学典礼上的讲话》，《人民日报》2013年3月3日。

有不断加强知识和能力储备,才能避免陷入少知而迷、不知而盲、无知而乱的困境,才能克服本领不足、本领恐慌、本领落后的问题,大踏步跟上时代潮流。首先,要认真学习马克思主义,坚持不懈用马克思主义中国化最新成果武装头脑、凝心聚魂,不断提高马克思主义思想觉悟和理论水平,保持对远大理想和奋斗目标的清醒认知和执着追求。其次,要认真学习党的路线方针政策和国家法律法规,始终保持对党的路线方针政策的学习热情,这是开展工作要做的基本准备,也是很重要的政治素养。再次,要努力提高各方面的知识素养,自觉学习经济、政治、历史、文化、社会、科技、军事、外交等方面的知识,主动加快知识更新、优化知识结构、拓宽眼界和视野,不断提高自己的知识化、专业化水平,赢得主动、赢得优势、赢得未来。既要向书本学习,也要向实践学习;既要向人民群众、专家学者学习,也要向国外有益经验学习。坚持知行合一,注重在实践中学真知、悟真谛,加强磨炼、增长本领。

(二)要自觉担当尽责

习近平总书记指出:"新时代中国青年要珍惜这个时代、担负时代使命,在担当中历练,在尽责中成长,

第八章 青年的理想信念关乎国家未来

让青春在新时代改革开放的广阔天地中绽放,让人生在实现中国梦的奋进追逐中展现出勇敢奔跑的英姿,努力成为德智体美劳全面发展的社会主义建设者和接班人!"① 青年有担当,是一个国家兴旺发达的希望所在。新时代中国青年在脱贫攻坚战场摸爬滚打,在科技攻关岗位奋力攀登,在抢险救灾前线冲锋陷阵,在疫情防控一线披甲出征,在奥运竞技赛场奋勇争先,在保卫祖国哨位威武守护,用臂膀扛起如山的责任,展现出不怕苦、不畏难、不惧牺牲的青春担当。党的二十大制定了全面建成社会主义现代化强国分两步走的总体战略,习近平总书记 2022 年 10 月 28 日在红旗渠纪念馆考察时指出:"实现第二个百年奋斗目标也就是一两代人的事,我们正逢其时、不可辜负,要作出我们这一代的贡献。"② 当代青年是全面建成社会主义现代化强国的见证者,更是全过程参与者、奋斗者和创造者,新时代新征程,尤其要发扬担当精神,保持顽强拼搏、勇于开拓的精气神,主动担苦、担难、担重、担险,做坚定者、奋进者、搏击者,而不做犹豫者、懈怠者、畏难者,不断增强担当的意志和韧劲,

---

① 习近平:《论中国共产党历史》,中央文献出版社 2021 年版,第 245 页。
② 《全面推进乡村振兴 为实现农业农村现代化而不懈奋斗》,《人民日报》2022 年 10 月 29 日。

提高担当的能力和本领,在科技创新最前沿、乡村振兴大舞台、服务社会第一线施展抱负、建功立业,以实际行动担当起这一代青年的历史重任。

(三)要走在创新创造前列

唯创新者强,唯创新者胜。创新是时代发展的动力,创新是社会进步的源泉。我们比历史上任何时期都更接近中华民族伟大复兴的目标,我们比历史上任何时期都更需要建设世界科技强国。习近平总书记指出:"青年一代有理想、有本领、有担当,科技就有前途,创新就有希望。"[1] 青年的年龄优势、身体优势、知识优势,决定了他们必然是创新的主体和中流砥柱。在《新时代的中国青年》白皮书中有这样一组数据:北斗卫星团队核心人员平均年龄 36 岁,量子科学团队平均年龄 35 岁,中国天眼 FAST 研发团队平均年龄仅30 岁……一大批有志青年挑大梁、担重任,生动展现了新时代中国青年创新创造的精神风貌。进入 21 世纪以来,全球科技创新进入空前密集活跃的时期,新一轮科技革命和产业变革正在重构全球创新版图、重塑全球经济结构,我们迎来了世界新一轮科技革命和产

---

[1] 习近平:《在中国科学院第十九次院士大会、中国工程院第十四次院士大会上的讲话》,《人民日报》2018 年 5 月 29 日。

业变革同我国转变发展方式的历史性交汇期,既面临着千载难逢的历史机遇,又面临着差距拉大的严峻挑战。广大青年要勇于创新、敢为人先,想党和人民之所想、赴党和人民之所需,把握大势、迎难而上,瞄准世界科技前沿,引领科技发展方向,肩负起历史赋予的重任,勇做新时代科技创新的排头兵,以聪明才智贡献国家,以开拓进取服务社会,写下科技创新的"青春答卷"。

(四)要发扬永久奋斗的传统

习近平总书记指出:"在实现中华民族伟大复兴的新征程上,必然会有艰巨繁重的任务,必然会有艰难险阻甚至惊涛骇浪,特别需要我们发扬艰苦奋斗精神。"① 民族复兴的使命要靠奋斗来实现,人生理想的风帆要靠奋斗来扬起。回首百年,广大青年在民族复兴征程上勇当先锋、倾情奉献,发挥生力军和突击队作用,从来没有被困难压垮,经受住了生与死、苦与乐、得与失的各种考验,在革命、建设、改革各个时期,始终保持艰苦奋斗的前进姿态,克服了一个又一个困难,创造了一个又一个奇迹。习近平总书记在红

---

① 习近平:《论中国共产党历史》,中央文献出版社2021年版,第245页。

旗渠考察时强调：年轻一代要继承和发扬吃苦耐劳、自力更生、艰苦奋斗的精神，摒弃骄娇二气，像我们的父辈一样把青春热血镌刻在历史的丰碑上。面向未来，青年永远是改造客观世界、推动社会进步的重要依靠力量，要自觉把个人的青春梦融入中国梦的生动实践中，把艰苦环境、艰巨任务作为磨炼自己的机遇，把困难当财富、把吃苦当收获，主动到条件艰苦的基层、国家建设的一线、项目攻关的前沿，在艰苦奋斗中砥砺意志品质，在大风大浪中强壮筋骨，把奋斗的足迹印在实现中华民族伟大复兴的征途上，以刚健有为的精神风貌不断开辟事业发展新天地。

（五）要弘扬无私奉献精神

习近平总书记在庆祝中国共产主义青年团成立100周年大会上，勉励青年要甘于做一颗永不生锈的螺丝钉。追梦需要激情和理想，圆梦需要奋斗和奉献。革命战争年代，大多数革命者的青春岁月是在艰苦卓绝的浴血奋战中度过的，长征时中共中央、中央军委和红军主要部队8名高级干部，平均年龄28.8岁，超过40岁的4人，最小的第15师政委肖华只有18岁。新中国成立后，屯垦戍边、三线建设、国防科工，无数青年一干就是一辈子，献了青春献终身，献了终身献

第八章　青年的理想信念关乎国家未来

子孙。我们党在长期奋斗实践中形成的井冈山精神、长征精神、延安精神、西柏坡精神、铁人精神、"两弹一星"精神、抗震救灾精神、载人航天精神等一系列伟大精神，无一不包含着奉献精神。战争年代的革命烈士与和平年代的英雄模范，也无一不体现着奉献精神。离开了奉献，就不可能有事业的成就和辉煌，党的精神谱系就会失去神韵。奉献没有休止符，任何时候都需要奉献。习近平总书记2013年5月4日在同各界优秀青年代表座谈时的讲话中强调："无数人生成功的事实表明，青年时代，选择吃苦也就选择了收获，选择奉献也就选择了高尚。"[1] 2014年5月在给河北保定学院西部支教毕业生群体代表回信时强调："同人民一道拼搏、同祖国一道前进，服务人民、奉献祖国，是当代中国青年的正确方向。"[2] 一代人有一代人的奉献，每代人的奉献都有自己的时代特征。青年要自觉弘扬无私奉献精神，继承老一辈甘于奉献的优良传统，把无私奉献与奋斗实践紧密结合起来的同时，以创新精神理解奉献、实践奉献、诠释奉献，用实际行动赋予奉献以新的时代内涵、新的精神境界。

---

[1] 中共中央文献研究室编：《十八大以来重要文献选编》（上），中央文献出版社2014年版，第282页。
[2] 《习近平给河北保定学院西部支教毕业生群体代表回信》，《人民日报》2014年5月4日。

第九章　在斗争实践中不断砥砺理想信念

习近平总书记指出："形成坚定理想信念，既不是一蹴而就的，也不是一劳永逸的，也不是自己认为坚定就坚定的，而是要在斗争实践中不断砥砺、经受考验，而且这种考验是长期的，很多时候也是严酷的，是要终其一生的。"[①] 认知是理想信念生成的基础，实践是理想信念固化的途径。理想信念的坚定，总是在积极的思想矛盾运动和复杂的社会环境中不断自我净化、自我升华的。只有经过斗争实践的砥砺，理想信念才能更加坚定、更加熠熠生辉，才能展现出更加耀眼的真理光芒。

一、在重大原则问题和大是大非面前必须立场坚定

重大原则问题和大是大非问题，是一定时间和空

[①] 习近平：《努力成为可堪大用能担重任的栋梁之才》，《求是》2022年第3期。

第九章 在斗争实践中不断砥砺理想信念

间内影响党和国家发展基本方向、基本准则、基本道路的根本性问题,是党员干部在政治方向、政治立场、政治言论、政治行为方面必须遵循的立场底线。习近平总书记多次指出:要严守政治纪律,在重大原则问题和大是大非面前,必须立场坚定、旗帜鲜明。2019年制定的《中共中央关于加强党的政治建设的意见》强调,要严明党的政治纪律和政治规矩,决不允许在重大政治原则问题上、大是大非问题上同党中央唱反调,搞自由主义。2020年党的十八届六中全会通过的《关于新形势下党内政治生活的若干准则》强调:"党员、干部特别是高级干部在大是大非面前不能态度暧昧,不能动摇基本政治立场,不能被错误言论所左右。"[1] 习近平总书记的重要论述和党规党纪的明确要求,聚焦党的政治属性、政治使命、政治目标、政治追求,列出了重大原则问题和大是大非问题的负面清单,划定了重大原则问题和大是大非问题的"红线",为党员干部在重大原则问题和大是大非面前必须立场坚定提供了基本遵循。

(一)政治方向是党生存发展第一位的问题

方向决定道路,道路决定命运。政治方向反映政

---

[1] 《关于新形势下党内政治生活的若干准则》,人民出版社2016年版,第12页。

党的奋斗目标，体现政党所代表阶级的根本利益和共同意志。如果在方向问题上出现偏离，就会犯颠覆性错误。习近平总书记曾讲述长征中的一个故事，"红军过草地的时候，伙夫同志一起床，不问今天有没有米煮饭，却先问向南走还是向北走。这说明在红军队伍里，即便是一名炊事员，也懂得方向问题比吃什么更重要"①。毛泽东同志1938年在延安抗日军政大学第四期第三大队开学典礼上，回答在抗大应当学习什么时，明确指出"首先是学一个政治方向"。1939年5月30日在延安庆贺模范青年大会上的讲话中再次强调："在政治上要有一个正确的方向，但是光有这个正确的政治方向是不够的，过了三年五年，就把它丢了，那还不是枉然？所以，有了正确的政治方向后，还要坚定，就是说，要有'坚定正确的政治方向'。这个方向是不可动摇的，要有'富贵不能淫，贫贱不能移，威武不能屈'的骨气来坚持这个方向。"② 坚定正确的政治方向，是党员干部首要把握的重大原则问题和大是大非问题，只有首先把握正确的政治方向，才能不迷向、不迷航，失去政治方向就会丢失政治灵魂，就会丧失

---

① 习近平：《论坚持党对一切工作的领导》，中央文献出版社2019年版，第252页。

② 《毛泽东文集》第二卷，人民出版社1993年版，第191页。

第九章　在斗争实践中不断砥砺理想信念

理想信念。

习近平总书记明确指出："我们所要坚守的政治方向，就是共产主义远大理想和中国特色社会主义共同理想、'两个一百年'奋斗目标，就是党的基本理论、基本路线、基本方略。"[①] 这一政治方向，既有原则性要求，又有明确具体的内涵；既体现了远大理想，又立足现阶段实际，是党员干部"抬头看路"的方向。要准确把握共产主义远大理想和中国特色社会主义共同理想的辩证关系，既不能离开现实工作空谈远大理想，也不能因为实现共产主义是一个漫长的历史过程就讳言甚至丢掉远大理想，要牢固树立"革命理想高于天"的崇高追求，尊崇党章，加强党性修养锻炼，牢记党的初心使命，全身心投入到新时代坚持和发展中国特色社会主义的伟大事业中；要自觉站在党和国家大局上想问题、办事情，把坚持正确政治方向贯彻到谋划重大战略、制定重大政策、部署重大任务、推进重大工作的实践中去，经常对表对标，及时校准偏差，把党中央大政方针不折不扣落实到位，使自己的思想行动始终与党和国家事业发展同向用力；要以理

---

① 中共中央党史和文献研究院、中央"不忘初心、牢记使命"主题教育领导小组办公室编：《习近平关于"不忘初心、牢记使命"重要论述选编》，党建读物出版社、中央文献出版社2019年版，第355页。

论上的清醒确保政治上的坚定,练就政治慧眼,不为任何错误观点所左右,不为任何干扰所迷惑。只有坚守政治方向,经常地不断地校正方向,才能避免走错路、南辕北辙,避免事倍功半、得不偿失。

(二)政治立场事关党的政治建设根本

政治立场事关根本。《中共中央关于加强党的政治建设的意见》指出:"全党必须始终坚定马克思主义立场,坚持党性和人民性相统一,坚决站稳党性立场和人民立场。"[1] 党性和人民性从来都是一致的,党性立场和人民立场从来都是统一的。中国共产党是中国工人阶级的先锋队,同时是中国人民和中华民族的先锋队,代表中国最广大人民的根本利益。党的根本宗旨是全心全意为人民服务,党除了工人阶级和最广大人民群众的利益,没有自己特殊的利益,人民的利益就是党的利益,人民对美好生活的向往,就是党的奋斗目标。

中国共产党自成立以来,就始终把党性立场和人民立场统一,把为中国人民谋幸福、为中华民族谋复兴作为自己的初心使命,始终坚持共产主义理想和社

---

[1] 中共中央党史和文献研究院编:《十九大以来重要文献选编》(上),中央文献出版社 2019 年版,第 797 页。

第九章　在斗争实践中不断砥砺理想信念

会主义信念，团结带领全国各族人民为争取民族独立、人民解放和实现国家富强、人民幸福而不懈奋斗。百年来，党代表中国最广大人民根本利益，没有任何自己特殊的利益，从来不代表任何利益集团、任何权势团体、任何特权阶层的利益，这是党立于不败之地的根本所在。

坚持党性和人民性的统一，就要坚持对党负责和对人民负责的统一。要坚持对党负责，讲党性，以党的旗帜为旗帜、以党的方向为方向、以党的意志为意志，始终做到在党言党、在党忧党、在党为党，任何时候都同党同心同德。要坚持对人民负责，始终相信人民，紧紧依靠人民，树立真挚的人民情怀，维护人民根本利益，增进民生福祉，不断实现发展为了人民、发展依靠人民、发展成果由人民共享，让现代化建设成果更多更公平惠及全体人民。要紧紧围绕保持党同人民群众的血肉联系，增强群众观念和群众感情，凡是群众反映强烈的问题都要严肃认真对待，凡是损害群众利益的行为都要坚决纠正，不断厚植党执政的群众基础。

（三）要把营造良好政治生态作为党的政治建设的基础性经常性工作

习近平总书记指出，自然生态要山清水秀，政治生态也要山清水秀。政治生态好，人心就顺、正气就足；政治生态不好，就会人心涣散、弊病丛生。党的十八大以来，以习近平同志为核心的党中央坚持全面从严治党，把党的政治建设摆在首位，思想建党和制度治党同向发力，统筹推进党的各项建设，全面净化党内政治生态，不断增强党自我净化、自我完善、自我革新、自我提高的能力。营造良好政治生态是一项长期任务，要浚其源、涵其林，养正气、固根本，锲而不舍、久久为功。

开展严肃认真的党内政治生活。严肃认真的党内政治生活是党的优良作风的生成土壤，是党的旺盛生机的动力源泉，是保持党的先进性纯洁性、提高党的创造力凝聚力战斗力的重要条件，是党团结带领全国各族人民完成历史使命的有力保障，是我们党区别于其他非马克思主义政党的鲜明标志。党的十八届六中全会审议通过的《关于新形势下党内政治生活的若干准则》，针对党内存在的突出矛盾和问题，从十二个方面对新形势下加强和规范党内政治生活作出全面部署。党员干部必须以身作则，不断增强党内政治生活的政治性、时代性、原则性、战斗性，着力提高党内政治生活质量，在党内政治生活中经常接受政治体检，增强政治免疫力。

第九章 在斗争实践中不断砥砺理想信念

要注重加强党内政治文化建设。党内政治文化是以马克思主义为指导、以中华优秀传统文化为基础、以革命文化为源头、以社会主义先进文化为主体、充分体现中国共产党党性的文化。要加强党内政治文化建设，发挥党内政治文化的引领作用，倡导和弘扬忠诚老实、光明坦荡、公道正派、实事求是、艰苦奋斗、清正廉洁等价值观，旗帜鲜明抵制和反对关系学、厚黑学、官场术、"潜规则"等庸俗腐朽的政治文化，不断培厚良好政治生态的土壤。

要永葆清正廉洁的政治本色。为政清廉才能取信于民，秉公用权才能赢得人心。廉洁从政，秉公用权，是我们党的光荣传统和优良作风。要自觉加强党性修养，知敬畏、存戒惧、守底线，坚决防范被利益集团"围猎"，持之以恒锤炼政德，明大德、守公德、严私德，带头遵守《中国共产党廉洁自律准则》，注重家庭家教家风，自觉做廉洁自律、廉洁用权、廉洁齐家的模范。

二、保持清醒的底线思维和居安思危的忧患意识

党的二十大报告指出："我们必须增强忧患意识，坚持底线思维，做到居安思危、未雨绸缪，准备经受

理想信念

风高浪急甚至惊涛骇浪的重大考验。"① 坚持底线思维，做到居安思危、未雨绸缪，是我们党一路走来从所经受的血雨腥风、艰险磨难中得出的深刻认识和重要领导方法。1945年，在抗日战争即将取得胜利的时刻，毛泽东同志在党的七大所作的结论报告中，指出光明面的同时，重点告诫全党要"准备吃亏""准备困难"，并一口气列出了十七条困难。"我们要有充分的信心估计到光明，也要有充分的信心估计到黑暗，把各方面都充分估计到。"② "许多事情是意料不到的，但是一定要想到，尤其是我们的高级负责干部要有这种精神准备，准备对付非常的困难，对付非常的不利情况。这些，我们都要透彻地想好。"③ 邓小平同志反复强调："我们要把工作的基点放在出现较大的风险上，准备好对策。这样，即使出现了大的风险，天也不会塌下来。"④ 习近平总书记多次强调，"增强忧患意识，做到居安思危，是我们治党治国必须始终坚持的一个重大原则"⑤ 反复告诫全党，中华民族伟大复兴绝不

---

① 《党的二十大报告辅导读本》编写组编著：《党的二十大报告辅导读本》，人民出版社2022年版，第24页。
② 《毛泽东文集》第三卷，人民出版社1996年版，第390页。
③ 《毛泽东文集》第三卷，人民出版社1996年版，第392页。
④ 《邓小平文选》第三卷，人民出版社1993年版，第267页。
⑤ 《习近平谈治国理政》，外文出版社2014年版，第200页。

第九章 在斗争实践中不断砥砺理想信念

是轻轻松松、顺顺当当就能实现的，必须保持清醒头脑、树立底线思维，时刻准备应对重大挑战、抵御重大风险、克服重大阻力、解决重大矛盾。要深刻领会习近平总书记重要讲话重要论述的精神实质、丰富内涵、工作要求，保持战略定力，坚定必胜信心，下好先手棋，打好主动仗。

（一）坚持底线思维

底线思维，就是根据客观实际科学合理地判定最低或最差情况，以此为底线并基于此谋划行动，谋求最大或最好期望值的思维方法，就是从最坏处着眼，做最充分的准备，朝好的方向努力，争取最好的结果。习近平总书记多次强调：要善于运用"底线思维"的方法，凡事从坏处准备，努力争取最好的结果，这样才能有备无患、遇事不慌，牢牢把握主动权。

底线思维是一种科学的思维方式。底线思维首先要搞清楚底线，科学预判潜在风险，知道风险在哪里、表现形式是什么、发展趋势会怎样，进而明确哪些事情可以做、哪些事情不能做，最坏的情况是什么、最好的结果是什么，这是一种有方向、有目标的思维方法，是有鲜明问题意识的思维方法。党的二十大报告强调指出："我们要增强问题意识，聚焦实践遇到的新问题、改革发展稳定存在的深层次问题、人民群众急难愁盼问题、国际变局中的重大问题、党的建设面临的突出问题，不断提出真正解决问题的新理念新思路新办法。"① 坚持底线思维，要以党的二十大报告指出的五方面问题为重点，保持清醒和冷静，不断锤炼发现问题、思考问题和探寻对策的能力，跟着问题走、向着问题去，深入思考解决矛盾和问题的办法，真正在实践中守住"底线"。

底线思维是一种清醒的战略定力。习近平总书记讲到国家安全工作时强调："不论国际形势如何变幻，我们要保持战略定力、战略自信、战略耐心，坚持以全球思维谋篇布局，坚持统筹发展和安全，坚持底线思维，坚持原则性和策略性相统一，把维护国家安全的战略主动权牢牢掌握在自己手中。"② 底线思维体现了一种头脑清醒、处变不惊的战略思维能力，体现了一种冷静观察、谋定后动的战略行动能力。当今世界正经历百年未有之大变局，应对好这一大变局，关键要有识变之智、应变之方、求变之勇，不管形势如何发展变化，要始终"保持临大事而不乱""乱云飞渡仍从容"的战略定力，把战略的坚定性和策略的灵活性

---

① 《党的二十大报告辅导读本》编写组编著：《党的二十大报告辅导读本》，人民出版社2022年版，第18页。

② 《习近平谈治国理政》第二卷，外文出版社2017年版，第382页。

第九章 在斗争实践中不断砥砺理想信念

结合起来，站在全局和战略的高度想问题、办事情，观大势、谋全局，不能为了局部利益损害全局利益，更不能为了暂时利益损害根本利益和长远利益。

底线思维是一种有效的工作方法。底线思维不是消极防范、被动应对，而是为了积极进取、有所作为。要善于透过现象看本质，把握好全局和局部、当前和长远、宏观和微观、主要矛盾和次要矛盾、特殊和一般的关系，不断提高科学思维能力，增强学习本领、政治领导本领、改革创新本领、科学发展本领、依法执政本领、群众工作本领、狠抓落实本领、驾驭风险本领这"八项本领"，既要做好应对最坏、最差情况的充分准备，更要做到心中有底、脑中有策、手中有招，努力争取最好结果，牢牢把握主动权。

（二）增强风险意识

风险意识是基于客观现实对未来或不可知事物可能造成的负面影响进行预判、保持警惕，对可能出现的消极作用作出前瞻和防范，目的在于未雨绸缪、有备无患、趋利避害。风险意识通过充分发挥人们的主观能动性，最大限度地规避、减少危险或灾难的发生，是一种富有前瞻性和危机感的生存智慧。习近平总书记统筹中华民族伟大复兴战略全局和世界百年未有之大变局，围绕着力防范化解政治、意识形态、经济、科技、社会、外部环境、党的建设等领域重大风险，作出深刻分析、提出明确要求，要求全党牢记"生于忧患，死于安乐"的古训，防范风险挑战一以贯之，展现出马克思主义政治家、思想家、战略家的深刻洞察能力、科学决策能力、高超驾驭能力。

明者防祸于未萌，智者图患于将来。"当前，世界百年未有之大变局加速演进，中华民族伟大复兴进入关键时期，我们面临的风险挑战明显增多，总想过太平日子、不想斗争是不切实际的。"[1] 要强化风险意识，常观大势、常思大局，警惕"黑天鹅"事件，防范"灰犀牛"事件，科学预见风险挑战，有防范风险的先手，有化解风险的高招，下好先手棋，打好主动仗，打好化险为夷、转危为机的战略主动战。

共产党人的忧患意识，就是忧党、忧国、忧民意识，这是一种责任，更是一种担当。习近平总书记指出："防范化解重大风险，是各级党委、政府和领导干部的政治职责，大家要坚持守土有责、守土尽责，把防范化解重大风险工作做实做细做好。"[2] 党员干部要深刻认识党面临的执政考验、改革开放考验、市场经

---

[1] 习近平：《努力成为可堪大用能担重任的栋梁之才》，《求是》2022年第3期。
[2] 《下好先手棋　打好主动仗：习近平总书记关于防范化解重大风险重要论述综述》，《光明日报》2021年4月15日。

第九章 在斗争实践中不断砥砺理想信念

济考验、外部环境考验的长期性和复杂性，深刻认识党面临的精神懈怠危险、能力不足危险、脱离群众危险、消极腐败危险的尖锐性和严峻性，深刻认识增强自我净化、自我完善、自我革新、自我提高能力的重要性和紧迫性，时刻保持如履薄冰的谨慎、见叶知秋的敏锐，以"时时放心不下"的责任感，在防范化解风险上勇于担责、善于履责、全力尽责。要常怀"居安思危"之忧，善于见微知著，透过复杂现象把握本质，治病于未病、防患于未然，不断增强对苗头性倾向性问题的敏锐感与精准把握，及早发现问题苗头、发现风险，抓住要害、找准原因，防微杜渐、未雨绸缪，把"危"化解于无形之中，甚至转危为机。要不断提高应急处突的见识和胆识，敢于闯关夺隘、攻城拔寨，对重大风险挑战、重大工作困难、重大矛盾斗争，做到心中有数、分类施策、精准拆弹，决不能回避、绕着道走，更不能胆怯、惧怕，以"赶考"的清醒和坚定，有效掌控局势、化解危机。

三、始终做好迎难而上的准备，发扬斗争精神，坚定斗争意志

敢于斗争、敢于胜利，是不可战胜的强大精神力

量。我们党一路走来，就是在斗争中求得生存、获得发展、赢得胜利。党和人民取得的一切成就，不是天上掉下来的，不是别人恩赐的，而是通过不断斗争取得的。《中共中央关于党的百年奋斗重大成就和历史经验的决议》指出："党在内忧外患中诞生、在历经磨难中成长、在攻坚克难中壮大，为了人民、国家、民族，为了理想信念，无论敌人如何强大、道路如何艰险、挑战如何严峻，党总是绝不畏惧、绝不退缩，不怕牺牲、百折不挠。"[1] 越是接近民族复兴，越是充满风险挑战，在前进道路上我们面临的风险考验只会越来越复杂，甚至会遇到难以想象的惊涛骇浪。习近平总书记在党的二十大报告中要求："加强干部斗争精神和斗争本领养成，着力增强防风险、迎挑战、抗打压能力，带头担当作为，做到平常时候看得出来、关键时刻站得出来、危难关头豁得出来。"[2] 共产党人的根本特质在于革命性和战斗性，要以钢铁一般的意志和顽强的战斗性，不信邪、不怕鬼、不怕压，知难而进、迎难而上，依靠顽强斗争打开事业发展新天地。

---

[1] 《中共中央关于党的百年奋斗重大成就和历史经验的决议》，人民出版社2021年版，第69页。
[2] 《党的二十大报告辅导读本》编写组编著：《党的二十大报告辅导读本》，人民出版社2022年版，第60页。

第九章　在斗争实践中不断砥砺理想信念

（一）始终做好迎难而上的准备

迎难而上、越挫越勇是我们党在百年历史中锻造出来的优秀品格。从新民主主义革命时期消灭旧制度，到新中国成立后进行社会主义改造；从改革开放对不适应生产力发展要求的生产关系、不适应经济基础的上层建筑进行变革，到新时代十年对企图迟滞甚至阻断中华民族伟大复兴进程的一切势力果断出手、斗争到底；一仗接着一仗打，中国共产党总是自觉主动地把一系列重大挑战、重大风险、重大阻力、重大矛盾作为自我革命的大熔炉，在不断应对挑战、克服困难、战胜风险、破解危局中铸就伟业。

看似寻常最奇崛，成如容易却艰辛。越是伟大的事业，越是充满挑战，越要迎难而上、攻坚克难。习近平总书记指出："迎难而上，就是苦干实干、坚韧不拔，保持知重负重、直面挑战的昂扬斗志，百折不挠克服困难、战胜风险，为了胜利勇往直前。"[①] 从现在起，中国共产党的中心任务就是团结带领全国各族人民全面建成社会主义现代化强国、实现第二个百年奋斗目标，以中国式现代化全面推进中华民族伟大复

[①] 习近平：《在北京冬奥会、冬残奥会总结表彰大会上的讲话》，《人民日报》2022年4月9日。

兴。要增强历史主动精神，坚定战略自信，保持战略清醒，增强信心斗志，以思想的力量激扬奋进的力量，以理论的主动把握历史的主动。要锚定既定奋斗目标，事不避难、义不逃责，在机遇面前主动出击，在困难面前迎难而上，在风险面前积极应对，不断有所发现、有所创造、有所前进。要勇于直面矛盾，对各种矛盾做到了然于胸，紧紧围绕主要矛盾和中心任务，在整体推进中实现重点突破。要有坚持不懈的韧性和耐力，保持"千磨万击还坚劲"的昂扬斗志，激发"越是艰险越向前"的英雄气概，勇于涉险滩、闯难关，敢打攻坚战、持久战，不畏险阻往前冲，不获全胜不收兵。

（二）将斗争精神发扬到底

马克思主义政党是在斗争中产生、壮大、发展、成熟的。马克思主义唯物辩证法认为，社会是在矛盾运动中前进的，有矛盾就会有斗争，新旧矛盾在斗争过程中相互交替，推动着人类社会向前发展，"没有对抗就没有进步。这是文明直到今天所遵循的规律"[①]。党的十八大以来，习近平总书记提出了"进行具有许

---

① 《马克思恩格斯全集》第四卷，人民出版社1958年版，第104页。

第九章 在斗争实践中不断砥砺理想信念

多新的历史特点的伟大斗争"的时代命题,就斗争问题发表了一系列重要论述、进行了一系列重大部署,为全面建设社会主义现代化国家、全面推进中华民族伟大复兴提供了行动指南。党的十九大以来的五年,面对突如其来的新冠疫情,坚持人民至上、生命至上,坚持外防输入、内防反弹,坚持动态清零不动摇,开展抗击疫情人民战争、总体战、阻击战,最大限度保护了人民生命安全和身体健康,统筹疫情防控和经济社会发展取得重大积极成果。面对香港局势动荡变化,依照宪法和基本法有效实施对特别行政区的全面管治权,制定实施《中华人民共和国香港特别行政区维护国家安全法》,落实"爱国者治港"原则,实现香港局势由乱到治的重大转折。面对"台独"势力分裂活动和外部势力干涉台湾事务的严重挑衅,坚决开展反分裂、反干涉重大斗争,展示了我们维护国家主权和领土完整、反对"台独"的坚强决心和强大能力,进一步掌握了实现祖国完全统一的战略主动,进一步巩固了国际社会坚持一个中国的格局。面对国际局势急剧变化,特别是面对外部讹诈、遏制、封锁、极限施压,坚持国家利益为重、国内政治优先,保持战略定力,发扬斗争精神,展示不畏强权的坚定意志,在斗争中维护国家尊严和核心利益。正如习近平总书记指出的那样,党的十九大以来的五年,面对国际局势急剧变化,我们在斗争中维护国家尊严和核心利益,牢牢掌握了我国发展和安全主动权。

前进道路上,面临的风险考验只会越来越复杂,改革发展稳定、内政外交国防、治党治国治军都需要发扬斗争精神、提高斗争本领,必须坚持敢于斗争,才能在危机中育新机、于变局中开新局。大是大非面前要敢于亮剑,与一切可能危害党和国家事业发展的风险挑战进行坚决斗争并取得胜利;危机挑战面前要挺身而出,经得起风雨、挑得起担子,风雨击不垮、重担压不弯;矛盾困难面前要迎难而上,以"为官避事平生耻"的自觉勇挑重担,以踏石留印、抓铁有痕的精神真抓实干、攻坚克难;工作失误面前要敢于担责,不退缩、不推诿、不躲闪,打一仗进一步;歪风邪气面前要坚决斗争,坚持原则、较真碰硬,用正气压倒邪气,不让歪风滋生蔓延。

(三)提高斗争本领

习近平总书记强调:"全党必须清醒认识前进道路上进行伟大斗争的长期性、复杂性、艰巨性,坚持底线思维,增强忧患意识,发扬斗争精神,提高斗争本领。既要敢于斗争,勇于碰硬,又要善于斗争,讲究

第九章　在斗争实践中不断砥砺理想信念

斗争艺术和策略。"① 敢于斗争，还要善于斗争，要在各种重大斗争中，坚持增强忧患意识和保持战略定力相统一、坚持战略判断和战术决断相统一、坚持斗争过程和斗争实效相统一，做敢于斗争、善于斗争的战士。要把握时、度、效，抓主要矛盾、抓矛盾的主要方面，坚持有理有利有节，合理选择斗争方式、把握斗争火候，在原则问题上寸步不让，在策略问题上灵活机动。要自觉加强斗争历练，经受严格的思想淬炼、政治历练、实践锻炼，在复杂严峻的斗争中经风雨、见世面、壮筋骨，克服不愿斗争"软骨病"、不敢斗争"恐惧症"、不会斗争"无能症"，在斗争中学会斗争，在斗争中成长提高。要主动投身到各种斗争中去，多经历"风吹浪打"，多捧"烫手山芋"，多当几回"热锅上的蚂蚁"，在困难大、矛盾多的地方，在形势严峻、情况复杂的时候，练胆魄、磨意志、长才干，练就担当作为的硬脊梁、铁肩膀、真本事。

---

① 习近平：《论把握新发展阶段、贯彻新发展理念、构建新发展格局》，中央文献出版社 2021 年版，第 19 页。

第十章　坚定理想信念的检验标准

习近平总书记2016年1月视察重庆时强调："不能把理想信念只当口号喊。"① 理想信念是精神层面的东西，也是实打实、能感知、可衡量的。理想信念作为一种精神存在，看不到、摸不着，无法直接触及，但精神的存在必须也必然表现为外在的、可观察的具体现象，即：精神必须由其外在表象所体现，也必然有其外在表象，否则无法证明精神存在，因此理想信念也是具体的、实践的，必然通过人的言语、行为由内而外展现出来，使人能够感受到。精神与其外在表象互为表里，高尚的理想信念是高尚政治行为的内容，高尚的政治行为是高尚理想信念的外在表现。所以，是否具有理想信念、理想信念是否坚定是完全可以检验的，只要根据人的具体言行设定科学合理的检验标准，就能够准确检验出理想信念的有无和坚定与否。

---

① 《落实创新协调绿色开放共享发展理念　确保如期实现全面建成小康社会目标》，《人民日报》2016年1月7日。

第十章　坚定理想信念的检验标准

一、革命战争年代的检验很直接

习近平总书记指出："革命战争年代，检验一个干部理想信念坚定不坚定，就看他能不能为党和人民事业舍生忘死，能不能冲锋号一响立即冲上去，这样的检验很直接。"① 中国革命是在极其严酷的历史条件和社会条件下进行的，根本任务是推翻帝国主义、封建主义和官僚资本主义，以长期的武装斗争为主要形式。"在中国，离开了武装斗争，就没有无产阶级的地位，就没有人民的地位，就没有共产党的地位，就没有革命的胜利。十八年来，我们党的发展、巩固和布尔什维克化，是在革命战争中进行的，没有武装斗争，就不会有今天的共产党。这个拿血换来的经验，全党同志都不要忘记。"② 在武装斗争中，革命时时面临着生死考验。据党的六大时的不完全统计，从 1927 年 3 月到 1928 年上半年，被杀害的共产党员和革命群众达 31 万之多，其中共产党员 2.6 万余人。1921 年至 1949 年 28 年间，仅有姓名可查的牺牲党员就高达 370 万人；长征时，四路红军出发前共有指战员近 20 万人，到达

---

① 《习近平谈治国理政》，外文出版社 2014 年版，第 415 页。
② 《毛泽东选集》第二卷，人民出版社 1991 年版，第 610 页。

陕北时只剩下五六万人,至少有 15 万名红军指战员牺牲在长征途中,其中红一方面军在长征途中平均每 300 米就有一名红军牺牲,在全部牺牲烈士中,有大量以红军高级指战员为代表的共产党员。

以生死考验来检验理想信念,这是革命战争年代的突出特点。习近平总书记指出:"革命战争年代,共产党人随时面临生死考验,支撑他们视死如归、革命到底的是坚定理想信念。毛主席、贺老总、夏明翰烈士等满门英烈而初心不改。马日事变后湖南一片血雨腥风,革命者血流成河却没有被吓倒。夏明翰身陷牢狱坚贞不屈,在给妻子的家书中发出'坚持革命继吾志,誓将真理传人寰'的豪迈誓言。"① 正像方志敏在《死!——共产主义的殉道者的记述》这首诗中所说:"敌人只能砍下我们的头颅,决不能动摇我们的信仰!因为我们信仰的主义,乃是宇宙的真理!为着共产主义牺牲,为着苏维埃流血,那是我们十分情愿的啊!"在中央苏区和长征途中,党和红军就是依靠坚定的理想信念和坚强的革命意志,一次次绝境重生,愈挫愈勇,最后取得了胜利,创造了难以置信的奇迹。"长征向全中国、向全世界庄严宣告,中国共产党及其领导

---

① 习近平:《论中国共产党历史》,中央文献出版社 2021 年版,第 285 页。

第十章 坚定理想信念的检验标准

的人民军队,是用马克思主义武装的、以共产主义为崇高理想和坚定信念的。长征路上的苦难、曲折、死亡,检验了中国共产党人的理想信念,向世人证明了中国共产党人的理想信念是坚不可摧的。"① 英勇牺牲的先烈们,之所以敢于和能够赴汤蹈火舍生忘死、杀身成仁舍生取义,置生死于度外,宁愿牺牲也不放弃革命,就是因为他们有着无比坚定的理想信念。"艰难可以摧残人的肉体,死亡可以夺走人的生命,但没有任何力量能够动摇中国共产党人的理想信念。"② 坚定理想信念是战争年代革命者战胜艰难险阻的根本保证,所以,邓小平同志经常讲,我们一定要经常教育我们的人民,尤其是我们的青年,要有理想。为什么我们过去能在非常困难的情况下奋斗出来,战胜千难万险使革命胜利呢?就是因为我们有理想,有马克思主义信念,有共产主义信念。

老一辈无产阶级革命家,最鲜明的政治品格就是理想信念坚定。习近平总书记深情追思老一辈无产阶级革命家的坚定理想信念时,曾经讲道,毛泽东同志在青年时期就立下拯救民族于危难的远大志向,从纷然杂陈的各种观点和路径中,经过反复比较和鉴别,

---

① 习近平:《论中国共产党历史》,中央文献出版社2021年版,第142页。
② 习近平:《论中国共产党历史》,中央文献出版社2021年版,第141页。

毅然选择了马克思列宁主义,选择了为实现共产主义而奋斗的崇高理想,在此后的革命生涯中,不管是"倒海翻江卷巨澜",还是"雄关漫道真如铁",都始终矢志不移、执着追求;周恩来同志一生都遵奉自己的誓言,不论革命力量多么弱小,白色恐怖多么残酷,对敌斗争多么激烈,政治局势多么复杂,党和国家事业面临的挑战多么严峻,担负的责任多么艰巨,个人的处境多么困难,他都始终保持坚定的理想信念和旺盛的革命精神;朱德同志在确立马克思主义信仰、树立为共产主义事业奋斗的崇高理想后,无论面对什么样的艰难险阻和重大挫折,他始终没有动摇;邓小平同志一生最鲜明的政治品格,就是信念坚定,无论个人处境如何艰难,无论革命道路如何坎坷,都坚信马克思主义的科学性和真理性,坚信社会主义、共产主义的光明前景。在革命战争年代这段峥嵘岁月中,革命先烈、老一辈无产阶级革命家和所有拼死斗争矢志奋斗的共产党员们,以自己出生入死、无限忠诚于理想信念的具体言行清晰表明了自己的理想信念无比坚定。

革命战争年代,以生死考验作为检验标准,是由战争的残酷性、特殊性所决定的,革命战争年代,以这样的标准检验理想信念是否坚定,是科学合理的,不仅直接,而且快速、准确。就是因为有这样直接、快速、准确的生死考验的标准,理想信念坚定者听到冲锋号一响立即冲上去,为党和人民事业舍生忘死,在生死考验面前显现出"真金"本色。而那些理想信念缺失和不坚定的人,无一例外经不起生死考验,必然败下阵来,叛变革命。

二、"四个能否"是和平建设时期检验理想信念的客观标准

干革命,靠的是理想信念,搞建设,同样需要坚定的理想信念。新中国成立以后,我们党成为执掌全国政权的执政党,虽然所处的环境发生了改变,但始终没有放弃对理想信念的坚守。邓小平同志指出:"最重要的是人的团结,要团结就要有共同的理想和坚定的信念。我们过去几十年艰苦奋斗,就是靠用坚定的信念把人民团结起来,为人民自己的利益而奋斗。没有这样的信念,就没有凝聚力。没有这样的信念,就没有一切。"① 截至 2021 年底,中国共产党党员总数为 9671.2 万名,党的基层组织 493.6 万个。管好这么大

---

① 《邓小平文选》第三卷,人民出版社 1995 年版,第 190 页。

的一个党,把这么大的一个党建设成为坚强的马克思主义执政党,必须以共同理想信念组织起来。基础不牢,地动山摇;信念不牢,同样也要地动山摇。东欧剧变、苏联解体、苏共垮台就是这个逻辑。苏共拥有20万党员时夺取了政权,拥有200万党员时打败了希特勒,而拥有近2000万党员时却失去了政权,竟无一人出来抗争,就是因为理想信念已经荡然无存。"历史和现实都告诫我们:全党理想信念坚定,党就拥有无比强大力量;全党理想信念淡薄,党就会成为乌合之众,风一吹就散。"①

和平建设时期,党员干部面临的考验虽然不再是战场上的生死考验,但考验不是少了,而是更多了。我国社会主义脱胎于半殖民地半封建社会,面临着国际资本主义的挑战和世界范围内各种思想文化的相互激荡,面临"四大考验""四种危险",一些党员干部不可避免出现"缺钙"现象,"有的对共产主义心存怀疑,认为那是虚无缥缈、难以企及的幻想;有的不信马列信鬼神,从封建迷信中寻找精神寄托,热衷于算命看相、烧香拜佛,遇事'问计于神';有的是非观念淡薄、原则性不强、正义感退化,糊里糊涂当官,浑

---

① 习近平:《推进党的建设新的伟大工程要一以贯之》,《求是》2019年第19期。

第十章　坚定理想信念的检验标准

浑噩噩过日子；有的甚至向往西方社会制度和价值观念，对社会主义前途命运丧失信心；有的在涉及党的领导和中国特色社会主义道路等原则性问题的政治挑衅面前态度暧昧、消极躲避、不敢亮剑，甚至故意模糊立场、耍滑头，等等。"① 对党员干部理想信念的检验，已经不能通过一两件事、喊几句口号作出判断、得出结论，必须从时代实际出发，从党员干部队伍建设实际需要出发，科学合理选择其中具有根本性、代表性的行为，采用更加具有综合性和间接性的方式来进行。习近平总书记指出："今天，衡量一名共产党员、一名领导干部是否具有共产主义远大理想，是有客观标准的，那就要看他能否坚持全心全意为人民服务的根本宗旨，能否吃苦在前、享受在后，能否勤奋工作、廉洁奉公，能否为理想而奋不顾身去拼搏、去奋斗、去献出自己的全部精力乃至生命。一切迷惘迟疑的观点，一切及时行乐的思想，一切贪图私利的行为，一切无所作为的作风，都是与此格格不入的。"② "四个能否"为和平建设时期衡量党员和领导干部是否具有共产主义远大理想确立了鲜明的客观标准。

---

① 《习近平谈治国理政》，外文出版社 2014 年版，第 414 页。
② 中共中央党史和文献研究院、中央"不忘初心、牢记使命"主题教育领导小组办公室编：《习近平关于"不忘初心、牢记使命"重要论述选编》，党建读物出版社、中央文献出版社 2019 年版，第 73—74 页。

（一）能否坚持全心全意为人民服务的根本宗旨

政之所兴在顺民心，政之所废在逆民心。全心全意为人民服务，是我们党一切行动的根本出发点和落脚点，是我们党区别于其他一切政党的根本标志。毛泽东同志1945年在党的七大上作政治报告时说："我们共产党人区别于其他任何政党的又一个显著的标志，就是和最广大的人民群众取得最密切的联系。全心全意地为人民服务，一刻也不脱离群众；一切从人民的利益出发，而不是从个人或小集团的利益出发；向人民负责和向党的领导机关负责的一致性；这些就是我们的出发点。"[1] 全心全意为人民服务，是我们党一切行动的根本出发点和落脚点，是我们党区别于其他一切政党的根本标志。党的一切工作，必须以最广大人民根本利益为最高标准；检验我们一切工作的成效，最终都要看人民是否真正得到了实惠，人民生活是否真正得到了改善，人民权益是否真正得到了保障。坚持全心全意为人民服务的根本宗旨，必须坚持以人民为中心，在全心全意为人民服务中提高政治站位、提升工作能力，在真心实意向人民学习中拓展工作视野、

---

[1] 《毛泽东选集》第三卷，人民出版社1991年版，第1094—1095页。

第十章　坚定理想信念的检验标准

丰富工作经验、提高理论联系实际的水平,在倾听人民呼声、虚心接受人民监督中自觉进行自我反省、自我批评、自我教育,在服务人民中不断完善自己;必须坚持人民主体地位,面对人民过上更好生活的新期待,不能有丝毫自满和懈怠,必须再接再厉,使发展成果更多更公平惠及全体人民,朝着共同富裕方向稳步前进;必须把群众观点、群众路线深深植根于思想中,真正落实到行动上,下最大气力解决党内存在的问题特别是人民群众不满意的问题,使我们党永远赢得人民群众信任和拥护;必须坚持群众路线,自觉拜人民为师,向能者求教,向智者问策,充分尊重人民所表达的意愿、所创造的经验、所拥有的权利、所发挥的作用,紧紧依靠人民创造历史伟业。

(二)能否吃苦在前、享受在后

吃苦在前,享受在后,既是一种精神境界,更是一种实践行为,是对党员干部苦干实干精神的检验。任何伟大事业,都始于理想、成于实干。如果没有苦干实干精神,没有一步一个脚印的努力,再宏伟的目标也不可能实现,再美好的蓝图也只能是空中楼阁。革命战争年代,毛泽东同志就提出:"担子有轻有重。有的人拈轻怕重,把重担子推给人家,自己拣轻的挑。

这就不是好的态度。有的同志不是这样,享受让给人家,担子拣重的挑,吃苦在别人前头,享受在别人后头。这样的同志就是好同志。这种共产主义者的精神,我们都要学习。"① 刘少奇同志1957年3月22日在湖南省长沙市中学生代表座谈会上的讲话中讲道:"要完成任何伟大的事业,都必须有吃苦耐劳的精神,都必须有意识地把较为艰苦和困难的工作担当起来。这样做一次两次,人家也许还不注意,做十次八次,人家还可能把他看作'傻子',十年,二十年,长期地这样做下去,人家就会说他是好人,就会信任他,拥护他。吃苦在前,享福在后,这是取得党和人民群众信任的基本条件。"② 无论在革命战争年代,还是和平建设年代,吃苦在前、享受在后都是党排除万难、夺取胜利的重要法宝,都是党员干部一贯的优良作风,都是共产党员无形的身份标志、鲜明的行动证明。广大党员干部正是因为吃苦在前、享受在后,以身作则发挥出了先锋、模范和带头作用,才在人民群众面前树立了形象、赢得了信任、获得了拥护,从而团结带领人民群众不断从胜利走向新的胜利。

坚持吃苦在前,享受在后,要把许党报国、履职

---

① 《毛泽东选集》第四卷,人民出版社1991年版,第1161—1162页。
② 《刘少奇选集》下卷,人民出版社1985年版,第293页。

第十章　坚定理想信念的检验标准

尽责作为人生目标，脚踏实地做好本职工作。新中国的红色江山，是无数革命先辈一枪一弹、一城一池打下来的；社会主义的宏伟大厦，是无数劳动者一锹一铲、一砖一瓦垒起来的。实现中华民族伟大复兴的中国梦，更加需要志存高远、脚踏实地，扎扎实实做好每一项工作。王继才守岛卫国32年，用无怨无悔的坚守和付出，在平凡的岗位上书写了不平凡的人生华章。老英雄张富清，60多年深藏功名，一辈子坚守初心、不改本色，在部队保家卫国，到地方为民造福，用自己的朴实纯粹、淡泊名利书写了精彩人生。习近平总书记2019年在国家勋章和国家荣誉称号颁授仪式上的讲话中指出："只要有坚定的理想信念、不懈的奋斗精神，脚踏实地把每件平凡的事做好，一切平凡的人都可以获得不平凡的人生，一切平凡的工作都可以创造不平凡的成就。"[①] 党员吃苦在前，享受在后，要积极弘扬奉献精神，把理想信念时时处处体现为行动的力量，树立起让人看得见、感受得到的理想信念标杆，以实际行动让群众感受到理想信念的力量。

坚持吃苦在前，享受在后，要始终保持艰苦奋斗、勤俭节约的光荣传统。艰苦奋斗、勤俭节约是中华民

[①] 习近平：《论党的宣传思想工作》，中央文献出版社2020年版，第411页。

族的传统美德,也是我们党的优良传统和作风。在延安的窑洞里,毛泽东同志的衣服打满补丁,朱德同志的牙刷用马尾毛做成,彭德怀同志的背心用降落伞改制,林伯渠同志眼镜的一条腿用绳子缠着固定。新中国成立伊始,毛泽东同志殷切希望,"全国一切革命工作人员永远保持过去十余年间在延安和陕甘宁边区的工作人员中所具有的艰苦奋斗的作风"[1]。改革开放之初,邓小平同志指出,如果不提倡艰苦奋斗,勤俭节约,人均国民生产总值一千美元的目标就不能达到,建立高度文明的社会主义国家,也要坚持我们历来的艰苦奋斗的传统,否则我们的事业是不会有希望的。我们党保持艰苦奋斗、勤俭节约的优良作风,在艰苦奋斗中凝聚党心民心,带领人民在短短几十年间里,让一个满目疮痍、一穷二白的古老民族昂然屹立于世界民族之林。事以艰苦奋斗而兴,人以艰苦奋斗而立。艰苦奋斗、勤俭节约的作风里面有政治、有民心,有党的力量、人民的力量。进入新时代,我们的经济社会发展取得了一定的进步,各方面的物质条件也越来越好,但不论我们国家发展到什么水平,不论人民生活改善到什么地步,艰苦奋斗、勤俭节约的思想永远不能

---

[1] 中共中央文献研究室编:《毛泽东年谱(一九四九——一九七六)》第一卷,中央文献出版社2013年版,第29—30页。

第十章　坚定理想信念的检验标准

丢。要牢记习近平总书记"党和政府带头过紧日子，目的是为老百姓过好日子"的嘱托，传承"红米饭、南瓜汤""天当被、地当床""吃树皮、嚼草根""一把炒面、一把雪""勤俭是个传家宝，千日打柴不能一日烧"的好作风，把艰苦奋斗、勤俭节约付诸实践、见诸行动，让有限的财力、物力和人力发挥出最大效益。

（三）能否勤奋工作、廉洁奉公

勤政是党的宗旨的具体体现，也是人民群众评价"好官"的不变标准。周恩来同志一生为党和人民勤奋工作、任劳任怨，即使在病重住院的生命最后时期，他仍然日夜抱病操劳，生命不息，奋斗不止，做到了他所说的"应该像牛一样努力奋斗"[1]。"人民总理爱人民，人民总理人民爱""周总理，您在哪里"，就是人民群众对周恩来同志勤政为民的最真挚最深厚表达。习近平总书记评价"周恩来同志是热爱人民、勤政为民的杰出楷模"。习近平总书记多次引用含有"勤"字的古语来形容劳动精神，"勤"也贯穿了习近平总书记的人生经历、从政生涯。习近平总书记谈到在陕北农村插队时说，"下雨刮风我是在窑洞里跟他们铡草，晚

---

[1] 中共中央文献研究室周恩来研究组编：《周恩来谈人生》，中国青年出版社1995年版，第35页。

上跟着看牲口,然后跟他们去放羊,什么活都干。我那个时候扛 200 斤麦子,十里山路不换肩的"。梁家河村民深情回忆:"不管多累多苦,近平能一直拼命干,从来不'撒奸儿'①。""他不仅一直在第一线指挥,也一直在第一线劳动,铲土、打夯、搬大块石头砌堤围,这些事情他都和村里人一起并肩战斗。"② 2012 年 11 月 15 日,刚刚履新中共中央总书记的习近平说:"责任重于泰山,事业任重道远。我们一定要始终与人民心心相印、与人民同甘共苦、与人民团结奋斗,夙夜在公,勤勉工作,努力向历史、向人民交出一份合格的答卷。"③ 担任总书记以来,习近平总书记事必躬亲、夙夜在公,治国理政的每一领域,都亲力亲为。党的十八大以来,每年春节前夕,习近平总书记的身影都会出现在地方考察调研、看望慰问干部群众的路上,心系民生冷暖、情牵万家灯火。"他认真审阅重大改革方案的每一稿,逐字逐句亲笔修改。这样保证了政出一门、意志统一,同时通过督察等措施,确保改革不沦为'纸上谈兵'。"④ 习近平总书记提出好干部 20 字

---

① 延川方言,意思是偷懒。
② 《近平是靠自己踏踏实实干出来的:习近平的七年知青岁月》(上),《学习时报》2021 年 9 月 30 日。
③ 习近平:《把握新发展阶段、贯彻新发展理念、构建新发展格局》,中央文献出版社 2021 年版,第 23 页。
④ 孟娜、章新利等:《习近平:新时代的领路人》,《夕阳红》2018 年第 2 期。

第十章 坚定理想信念的检验标准

标准,勤政务实就是其中一条。民生在勤,勤则不匮。党员干部要坚持以勤为先,不驰于空想、不骛于虚声,坚决克服"平平安安占位子,忙忙碌碌装样子,疲疲沓沓混日子,年年都是老样子"的"庸懒散"习气,以自己的辛苦指数换来人民的幸福指数。

要勤奋工作,更要廉洁奉公。习近平总书记指出:"廉洁奉公,就是保持共产党人艰苦朴素、公而忘私的光荣传统,从不以功臣自居,不计较个人得失,不贪图享受,守纪律、讲规矩,生动体现了共产党人应有的道德风范。"[①] 一个人廉洁自律不过关,做人就没有骨气,做事就没有硬气,这是千古不变的道理。党员干部廉洁从政、秉公行事,并非高要求,而是应有的政治本色和基本道德素质。我们党就是靠着千千万万具有高度政治觉悟的先进分子无私奉献,才赢得了一场场艰苦卓绝的斗争。习近平总书记曾经讲过长征中军需处长的故事,"长征过雪山途中,有个同志穿着单薄的旧衣服被冻死,指挥员让把军需处长叫来,想问问他为什么不给这个被冻死的同志发棉衣,队伍里的同志含泪告诉他,被冻死的这个同志就是军需处长"[②]。

---

① 习近平:《在"七一勋章"颁授仪式上的讲话》,《人民日报》2021年6月30日。
② 习近平:《论中国共产党历史》,中央文献出版社2021年版,第30—31页。

习近平总书记感叹说:"管被装的宁可自己冻死也没有自己先穿暖和一点,这是多么崇高的思想境界!觉悟看似无形,关键时就会显现出强大力量。"[①] 党的十八大以来,党中央反"四风"、反腐败,锲而不舍抓作风建设,都是在同特权思想、特权现象作斗争。党员干部要自觉加强道德修养,带头弘扬社会主义核心价值观,明辨是非善恶,追求健康情趣,不断向廉洁自律的高标准看齐;要自觉同形形色色的特权思想、特权现象作斗争,习惯在受监督和约束的环境中工作生活,时刻把法律的戒尺、纪律的戒尺、制度的戒尺、规矩的戒尺、道德的戒尺牢记于心,把公权属性、公私界限牢记于心,做到心有所戒、行有所止,守住底线、不踩红线、不碰高压线;要自觉做到慎独慎微,从小事小节上加强约束、规范自己,加强对亲属和身边工作人员的教育和约束,慎重对待朋友交往,防止被别有用心的人"围猎",不要踩上"地雷"、掉进陷阱。

(四)能否为理想而奋不顾身去拼搏、去奋斗、去献出自己的全部精力乃至生命

理想具有长期性、艰巨性、引领性,需要长期坚持、不懈奋斗。习近平总书记在党的二十大报告中指

[①] 习近平:《论中国共产党历史》,中央文献出版社2021年版,第31页。

第十章　坚定理想信念的检验标准

出:"党用伟大奋斗创造了百年伟业,也一定能用新的伟大奋斗创造新的伟业。"① 中国共产党人因共同的理想而凝聚在一起,因远大的志向而顽强拼搏,为实现理想献出自己的全部精力乃至生命,革命战争年代印刻在"红军不怕远征难,万水千山只等闲"的红军战士身上,改革开放和社会主义建设时期展现在"干惊天动地事,做隐姓埋名人"的"两弹一星"研制者身上,书写在"杀出一条血路来"的改革开拓者身上,新时代定格在 300 多万名第一书记和驻村干部身上,激扬在奋战疫情防控救治第一线的最美逆行者身上,征途漫漫、唯有奋斗,无数平凡英雄拼搏奋斗,汇聚成新时代中国昂扬奋进的洪流,中国共产党人披肝沥胆、攻坚克难,以昂扬的奋斗姿态书写了无愧于历史和人民的答卷。

历史只会眷顾坚定者、奋进者、搏击者。习近平总书记说:"我反复强调要发扬将革命进行到底的精神,强调要发扬老一辈革命家'宜将剩勇追穷寇,不可沽名学霸王'的革命精神,发扬共产党人'为有牺牲多壮志,敢教日月换新天'的奋斗精神,这是有很深考

---

① 习近平:《高举中国特色社会主义伟大旗帜　为全面建设社会主义现代化国家而团结奋斗——在中国共产党第二十次全国代表大会上的报告》,《人民日报》2022 年 10 月 26 日。

虑的。"① 要清醒看到，我们党长期执政，党员干部中容易出现承平日久、精神懈怠的心态。有的觉得现在已经可以好好喘口气、歇歇脚，做做安稳官、太平官了；有的觉得"船到码头车到站"，不思进取、庸政懒政混日子；有的为个人打算多了，患得患失、不敢担当却贪图名利、享受；有的习惯当"传声筒""中转站"，遇到困难绕着走、碰到难题往上交，缺乏攻坚克难的锐气和斗志。实现中华民族伟大复兴是我们党矢志不渝的追求，是一场共产党人的接力跑。伟大事业需要几代人、十几代人甚至几十代人持续奋斗。奋斗不只是响亮的口号，而是要在做好每一件小事、完成每一项任务、履行每一项职责中见精神。只要奋斗的号角更加响亮、行动更加坚决、步调更加一致、意志更加顽强，就一定能够战胜前进道路上的一切困难挑战，继续创造令人刮目相看的新的奇迹。

三、衡量干部是否有理想信念，关键看是否对党忠诚

习近平总书记指出："理想信念坚定和对党忠诚是

---

① 习近平：《在党史学习教育动员大会上的讲话》，《求是》2021年第7期。

第十章 坚定理想信念的检验标准

紧密联系的。理想信念坚定才能对党忠诚,对党忠诚是对理想信念坚定的最好诠释。"① 对党忠诚,是共产党人最基本的要求。党的一大党纲、二大通过的党章,以及三大、四大通过的修正章程,都对党员的思想和行动提出了"忠实"的明确要求。1927年把"永不叛党"写入入党誓词,党的八大修订党的章程,第一次将"对党忠诚老实"作为党员义务写入党章,党的十二大对党员提出对党忠诚的若干要求。党的十八届六中全会通过的《关于新形势下党内政治生活的若干准则》明确要求,党的各级组织和全体党员必须对党忠诚老实、光明磊落,说老实话、办老实事、做老实人。理想信念与对党忠诚相辅相成。理想信念是对党忠诚的前提和基础,对党忠诚是理想信念的重点和关键,有了理想信念,才能做到对党忠诚,做到了对党忠诚,理想信念就愈发坚定。一代又一代中国共产党人之所以能够始终对党忠诚,代代传承、一以贯之,就在于始终具有坚定的理想信念。

对党忠诚,是党员最重要的价值和最核心的操守。习近平总书记曾经在讲到小说《红岩》中刘思扬的原型刘国鋕时说,刘国鋕"因叛徒出卖被捕入狱。特务劝

---

① 习近平:《努力成为可堪大用能担重任的栋梁之才》,《求是》2022年第3期。

他，只要交出组织、登报脱党，马上可以释放"，"面对劝诱，他斩钉截铁回答，我死了有党，等于没死；我如出卖组织，活着又有什么意义"①。陈毅把"革命重坚定"作为一生的座右铭，曾经讲过，"在胜利发展的情况下，做英雄是容易的；在失败退却的局面下，做英雄就困难得多了，只有经过失败的英雄，才是真正的英雄。我们要做失败时的英雄"②。对党忠诚就是要这样，无论顺境逆境，都铁心跟党走、九死而不悔。

对党忠诚，必须把讲政治作为根本要求。讲政治就是要在思想政治上讲政治立场、政治方向、政治原则、政治道路，在行动实践上讲维护党中央权威、执行党的政治路线、严格遵守党的政治纪律和政治规矩。要自觉尊崇党章、模范践行党章、忠诚捍卫党章，严格执行新形势下党内政治生活若干准则，做到观察分析形势把握政治因素，筹划推动工作落实政治要求，处理解决问题防范政治风险，增强"四个意识"、坚定"四个自信"、做到"两个维护"，坚决杜绝"七个有之"，做到"五个必须"，在守纪律、讲规矩上作表率，防止和反对个人主义、分散主义、自由主义、本位主义、好人主义，自觉做政治上的明白人、老实人，绝

---

① 习近平：《努力成为可堪大用能担重任的栋梁之才》，《求是》2022年第3期。
② 习近平：《努力成为可堪大用能担重任的栋梁之才》，《求是》2022年第3期。

第十章　坚定理想信念的检验标准

不做两面派、两面人。

对党忠诚不是有条件的而是无条件的，不是抽象的而是具体的。习近平总书记指出："对党忠诚，必须一心一意、一以贯之，必须表里如一、知行合一，任何时候任何情况下都不改其心、不移其志、不毁其节。"①"比如，能不能坚持党的领导，坚决维护党中央权威和集中统一领导，自觉在思想上政治上行动上同党中央保持高度一致；能不能坚决贯彻执行党的理论和路线方针政策，不折不扣把党中央决策部署落到实处；能不能严守党的政治纪律和政治规矩，做政治上的明白人、老实人；能不能坚持党和人民事业高于一切，自觉执行组织决定，服从组织安排，等等，都是对党忠诚的直接检验。"② 要发扬"党叫干啥就干啥、党让去哪就去哪，哪里有事业哪里就是家"③ 的光荣传统和优良作风，自觉做到党中央提倡的坚决响应、党中央决定的坚决照办、党中央禁止的坚决不做，不讲条件、不搞变通，不掉队、不走偏，把对党忠诚体现在履职尽责上，体现到日常言行上，才能保证全党上下拧成一股绳，心往一处想、劲往一处使。

---

①　《立志做党光荣传统和优良作风的忠实传人　在新时代新征程中奋勇争先建功立业》，《人民日报》2021年3月2日。
②　习近平：《努力成为可堪大用能担重任的栋梁之才》，《求是》2022年第3期。
③　习近平：《努力成为可堪大用能担重任的栋梁之才》，《求是》2022年第3期。

第十一章　坚定理想信念是终身课题

理想因其远大而为理想，信念因其执着而为信念。习近平总书记指出："坚定理想信念是终身课题，需要常修常炼，要信一辈子、守一辈子，三心二意、半途而废甚至背叛初衷肯定会出大问题。"[①] 理想信念的形成不是一蹴而就的，理想信念的坚定也不是一劳永逸的。做到虔诚而执着、至信而深厚，让理想信念成为心中的永恒灯塔，要不断筑牢信仰之基、补足精神之钙、把稳思想之舵，从理想信念中获得察大势、应变局、观未来的指路明灯，获得奋斗不止、精进不怠的动力源泉，获得辨别是非、廓清迷雾的政治慧眼，获得抵御侵蚀、防止蜕变的强大抗体。

一、解决好世界观、人生观、价值观这个"总开关"问题

观念支配价值取向，思想决定行为准则。习近平

[①] 习近平：《努力成为可堪大用能担重任的栋梁之才》，《求是》2022年第3期。

第十一章　坚定理想信念是终身课题

总书记强调:"加强理想信念教育,引导全党牢记党的宗旨,解决好世界观、人生观、价值观这个总开关问题,自觉做共产主义远大理想和中国特色社会主义共同理想的坚定信仰者和忠实实践者。"①"总开关"尽管看不见、摸不着,却实实在在、时时刻刻影响决定着人们的意识和行为。世界观是指人们对整个世界总的根本的看法,是人们对于世界的本质和各种关系以及世界上的一切事物的根本观点,由于每个人的社会实践水平、历史发展阶段、知识结构、思维方式以及其所处的根本利益、社会地位和对社会发展、人生追求的看法和态度不同而不同,由此形成不同的世界观,而世界观一旦形成,就对人的活动发生支配作用,发挥决定作用。人生观是指一个人对人生目的和意义的根本看法和态度,一般包括人生目的、人生态度和人生评价。价值观是人们对事物有无价值和价值大小的一种认识和评价标准,价值观回答值不值的问题,就是回答这件事这样做有没有价值、价值大小的问题。

(一)解决好世界观问题

习近平总书记指出:"马克思主义理论的科学性和

---

① 《党的二十大报告辅导读本》编写组编著:《党的二十大报告辅导读本》,人民出版社2022年版,第58—59页。

革命性源于辩证唯物主义和历史唯物主义的科学世界观和方法论,为我们认识世界、改造世界提供了强大思想武器,为世界社会主义指明了正确前进方向。"①马克思主义的科学世界观,通常指的是辩证唯物主义和历史唯物主义的世界观和方法论,这是中国共产党人观察和解决一切问题的"望远镜"和"显微镜",是我们党解决重大理论和现实问题的哲学依据。

要学习掌握辩证唯物主义。习近平总书记指出:"辩证唯物主义是中国共产党人的世界观和方法论。""我们党要团结带领人民实现'两个一百年'奋斗目标、实现中华民族伟大复兴的中国梦,必须不断接受马克思主义哲学智慧的滋养,更加自觉地坚持和运用辩证唯物主义世界观和方法论,更好在实际工作中把握现象和本质、形式和内容、原因和结果、偶然和必然、可能和现实、内因和外因、共性和个性的关系,增强辩证思维、战略思维能力,把各项工作做得更好。"② 要运用世界统一于物质、物质决定意识的原理,从客观实际出发制定政策、推动工作;运用事物矛盾运动的基本原理,不断强化问题意识,积极面对和化

---

① 习近平:《学习马克思主义基本理论是共产党人的必修课》,《求是》2019年第22期。

② 习近平:《辩证唯物主义是中国共产党人的世界观和方法论》,《求是》2019年第1期。

第十一章　坚定理想信念是终身课题

解前进中遇到的矛盾；运用唯物辩证法的根本方法，不断增强辩证思维能力，提高驾驭复杂局面、处理复杂问题的本领；运用认识和实践辩证关系的原理，不断推进实践基础上的理论创新。

要学习掌握历史唯物主义。习近平总书记指出："《共产党宣言》以透彻而鲜明的语言描述了新的世界观，即唯物史观，为人们提供了认识自然、认识人类社会的科学思想武器。……《共产党宣言》提出的一些重要思想，比如唯物史观、阶级斗争、无产阶级历史使命、共产主义新社会、人的全面发展、世界市场等，在人类思想史上具有革命性、开创性、突破性意义。"[①]《共产党宣言》揭示的唯物史观，恩格斯说："这个原理看来很简单，但是仔细考察一下也会立即发现，这个原理的最初结论就给一切唯心主义，甚至给最隐蔽的唯心主义当头一棒。关于一切历史的东西的全部传统的和习惯的观点都被这个原理否定了。"[②] 列宁说："这部著作以天才的透彻而鲜明的语言描述了新的世界观，即把社会生活领域也包括在内的彻底的唯物主义、作为最全面最深刻的发展学说的辩证法、以

[①] 习近平：《学习马克思主义基本理论是共产党人的必修课》，《求是》2019年第22期。

[②] 《马克思恩格斯文集》第二卷，人民出版社2009年版，598页。

及关于阶级斗争和共产主义新社会创造者无产阶级肩负的世界历史性的革命使命的理论。"[1] 要运用社会基本矛盾分析法,把生产力和生产关系的矛盾运动同经济基础和上层建筑的矛盾运动结合起来观察,把社会基本矛盾作为一个整体来观察,全面把握整个社会的基本面貌和发展方向;运用物质生产是社会生活的基础的观点,推动我国社会生产力不断向前发展,实现物的不断丰富和人的全面发展的统一;运用人民是历史创造者的观点,坚持以人民为中心,做到发展为了人民、发展依靠人民、发展成果由人民共享。

(二)解决好人生观问题

党的宗旨是全心全意为人民服务。马克思、恩格斯在《共产党宣言》中明确指出,共产党人没有任何同整个无产阶级的利益不同的利益。毛泽东同志运用彻底的历史唯物主义观点,把为什么人的问题上升为根本的问题、原则的问题,多次强调:"共产党就是要奋斗,就是要全心全意为人民服务,不要半心半意或者三分之二的心三分之二的意为人民服务。"[2] 习近平

---

[1] 《列宁全集》第二十六卷,人民出版社1988年版,第50页。
[2] 中共中央文献研究室编:《毛泽东年谱(一九四九——一九七六)》第三卷,中央文献出版社2013年版,第117页。

第十一章　坚定理想信念是终身课题

总书记在回忆插队近七年经历时讲道:"陕北高原给了我一个信念,也可以说是注定了我人生过后的轨迹。经过了陕北这一人生课堂,就注定了我今后要做什么,它教了我做什么。"① "作为一个人民公仆,陕北高原是我的根,因为这里培养出了我不变的信念:要为人民做实事!"② 习近平总书记的一系列重要论述,都一以贯之强调人民对美好生活的向往,就是我们的奋斗目标,强调必须坚持以人民为中心的发展思想,强调人民当家作主是社会主义民主政治的本质特征,强调满足人民过上美好生活的新期待,使人民获得感、幸福感、安全感更加充实、更有保障、更可持续,强调人民群众反对什么、痛恨什么,就要坚决防范和纠正什么,彰显着坚持人民立场的鲜明底色。

党的性质和宗旨决定了共产党人的人生价值系于为人民服务的实践活动之中,只有把整个人生融合在人民利益的实现之中,才是有意义的人生。共产党人要不忘初心、牢记使命,始终把人民放在心中最高位置;要着眼于满足人民日益增长的美好生活需要,不断提高发展质量,不断提高人民生活品质、生活品位;要站在人民立场上处理好涉及改革的重大问题,给人

---

① 《梁家河》编写组编:《梁家河》,陕西人民出版社 2018 年版,第 37 页。
② 习近平:《我是黄土地的儿子》,《生活文摘》2017 年第 4 期。

民带来更多获得感、幸福感、安全感；要着眼于让发展成果更多更公平惠及全体人民，在幼有所育、学有所教、劳有所得、病有所医、老有所养、住有所居、弱有所扶上不断取得新进展，不断朝着全体人民共同富裕迈进。

（三）解决好价值观问题

习近平总书记在十八届中央纪委七次全会上，鲜明提出"坚持共产党人价值观"这一命题，强调要坚持共产党人价值观，不断坚定和提高政治觉悟。在党的十九大报告中，习近平总书记再次强调："弘扬忠诚老实、公道正派、实事求是、清正廉洁等价值观。"[1]共产党人价值观，是最鲜明地体现了党作为工人阶级的先锋队、中国人民和中华民族的先锋队的政党性质的价值观，既与社会主义核心价值观高度契合，同时反映了中国社会最先进分子群体的价值诉求。共产党人的价值观是一个逻辑严密的科学体系，忠诚老实是党员的基本义务，公道正派是党员干部树立马克思主义权力观的关键，实事求是是党的思想路线的基本内

---

[1] 习近平：《决胜全面建成小康社会　夺取新时代中国特色社会主义伟大胜利——在中国共产党第十九次全国代表大会上的报告》，《人民日报》2017年10月28日。

容,清正廉洁是共产党人的鲜明品格。

共产党人价值观作为共产党人特质的集中反映,是每个共产党人必须遵循的行为操守。要大力倡导和弘扬共产党人价值观,不断涵养政治定力、纪律定力、道德定力、抵腐定力,保持崇高信念上的顽强定力、高尚品格上的顽强定力、良好操守上的顽强定力;要自觉学习、感悟、传承、弘扬中华文化,时常运用中华优秀传统文化中凝结的哲学思想、人文精神、道德理念来明是非、辨善恶、知廉耻,做为政以德、正心修身的模范;要坚决抵制和反对关系学、厚黑学、官场术、"潜规则"等庸俗腐朽的政治文化,反对当面一套、背后一套的两面人做派,反对拉帮结派的圈子文化、码头文化,反对明哲保身的"官场哲学",自觉抵制商品交换原则对党内生活的侵蚀,不断涤荡歪风邪气。

二、坚持学而信、学而思、学而行

理想信念的坚定,来自思想理论的坚定。认识真理,掌握真理,信仰真理,捍卫真理,是坚定理想信念的精神前提。要练就"金刚不坏之身",必须用科学理论武装头脑,不断培植精神家园。习近平总书记强调:"要坚持学而信、学而思、学而行,把学习成果转化为不可撼动的理想信念,转化为正确的世界观、人生观、价值观,用理想之光照亮奋斗之路,用信仰之力开创美好未来。"[1] 坚持思想建党与制度治党紧密结合,是十八大以来以习近平同志为核心的党中央全面从严治党的鲜明特色。"求木之长者,必固其根本;欲流之远者,必浚其泉源。"要坚持思想建党根本原则,深入学习马克思主义基本理论,深入学习习近平新时代中国特色社会主义思想,把理想信念建立在对科学理论的理性认同上,建立在对历史规律的正确认识上,建立在对基本国情的准确把握上。

(一)坚持不懈用习近平新时代中国特色社会主义思想凝心铸魂

我们党是一个高度重视理论指导、勇于进行理论创新的马克思主义政党。党在领导革命、建设、改革的长期实践中,始终坚持把马克思主义基本原理同中国具体实际相结合,先后创立和形成了毛泽东思想、邓小平理论、"三个代表"重要思想、科学发展观、习近平新时代中国特色社会主义思想,为党和人民事业发展提供了科学理论指导。习近平新时代中国特色

---

[1] 习近平:《论中国共产党历史》,中央文献出版社2021年版,第149页。

第十一章　坚定理想信念是终身课题

社会主义思想是在新时代的伟大实践中应运而生的,是立足时代之基、回答时代之问、引领时代之变的科学理论,实现了马克思主义中国化时代化新的飞跃,是当代中国马克思主义、21世纪马克思主义,是中华文化和中国精神的时代精华,是党和人民实践经验和集体智慧的结晶,是全党全国人民为实现中华民族伟大复兴而奋斗的行动指南。要增强政治自觉、思想自觉、行动自觉,坚持用习近平新时代中国特色社会主义思想统一思想、统一意志、统一行动,确立思想理论的"定盘星"、坚定理想信念的"主心骨"、筑就"四个自信"的"压舱石"。

（二）坚持好、运用好贯穿习近平新时代中国特色社会主义思想的立场观点方法

习近平总书记在党的二十大报告中指出:"继续推进实践基础上的理论创新,首先要把握好新时代中国特色社会主义思想的世界观和方法论,坚持好、运用好贯穿其中的立场观点方法。"[①] 报告从六个方面作出概括和阐述,强调必须坚持人民至上、坚持自信自立、坚持守正创新、坚持问题导向、坚持系统观念、坚持

---

① 《党的二十大报告辅导读本》编写组编著:《党的二十大报告辅导读本》,人民出版社2022年版,第17页。

胸怀天下,深刻揭示了习近平新时代中国特色社会主义思想的理论品格和鲜明特质。要深刻领会坚持人民至上是贯穿习近平新时代中国特色社会主义思想的一条红线,深刻体会"人民"二字在习近平新时代中国特色社会主义思想中的根本性意义,始终坚持人民至上这一根本价值取向。要深刻领会习近平新时代中国特色社会主义思想生动体现着独立自主的探索和实践精神,贯穿着坚持走自己的路的坚定决心和信心,坚定理想信念,在重大政治问题上有定力、有主见,不信邪、不怕鬼、不怕压,真正做到"千磨万击还坚劲,任尔东西南北风"。要深刻领会守正创新是中国特色社会主义新时代的鲜明气象,也是习近平新时代中国特色社会主义思想的显著标识,以科学的态度对待科学、以真理的精神追求真理,坚持马克思主义基本原理不动摇,坚持党的全面领导不动摇,坚持中国特色社会主义不动摇,始终做到道不变、志不改。要深刻领会坚持问题导向是党的十八大以来党治国理政的突出特点,也是习近平新时代中国特色社会主义思想的鲜明风格,聚焦实践遇到的新问题、改革发展稳定存在的深层次问题、人民群众急难愁盼问题、国际变局中的重大问题、党的建设面临的突出问题,不断提出真正解决问题的新理念新思路新办法,不断开创事业发展

第十一章 坚定理想信念是终身课题

的新局面。要深刻领会习近平总书记洞悉时势、总揽全局的系统谋划和战略擘画,不断提高战略思维、历史思维、辩证思维、系统思维、创新思维、法治思维、底线思维能力,更好地驾驭复杂局面、应对风险挑战,增强工作的原则性、系统性、预见性、创造性。要深刻领会习近平总书记对国际形势变化的深刻把握,对人类发展重大问题的独特创见,拓展世界眼光,纵览天下大势,深刻洞察人类发展进步潮流,善于发现其中的机遇和挑战,找到在危机中育新机、于变局中开新局的制胜之道。

(三)坚持学思用贯通、知信行统一,学用一致、见诸行动

理论的价值在于指导实践,学习的目的全在于运用。要坚持理论联系实际,坚持学以致用、学用相长,切实提高用党的创新理论观察新形势、研究新情况、解决新问题的能力水平,更好把科学理论转化为认识世界和改造世界的强大物质力量。要将学习成果体现到提高政治能力上,确保在政治立场、政治方向、政治原则、政治道路上同以习近平同志为核心的党中央保持高度一致;体现到推动高质量发展上,立足新发展阶段,完整、准确、全面贯彻新发展理念,把党的

二十大关于推动高质量发展的各项重大部署落到实处；体现到增进民生福祉上，认真践行以人民为中心的发展思想，把让老百姓过上更好日子作为根本价值取向，采取更多惠民生、暖民心举措，着力解决好人民群众急难愁盼问题；体现到增强斗争本领上，事不避难、攻坚克难，全力战胜前进道路上的各种困难和挑战，依靠顽强斗争打开事业发展新天地；体现到弘扬清风正气上，以严的基调正风肃纪，驰而不息转作风、树新风，干实事、谋实招、求实效，以实干担当推动事业发展。

三、思想上的灰尘要经常打扫

习近平总书记指出："思想认识问题一时解决了，不等于永远解决。就像房间需要经常打扫一样，思想上的灰尘也要经常打扫，镜子要经常照，衣冠要随时正，有灰尘就要洗洗澡，出毛病就要治治病。"① 毛泽东同志也曾经讲道，"房子是应该经常打扫的，不打扫就会积满了灰尘；脸是应该经常洗的，不洗也就会灰尘满面。我们同志的思想，我们党的工作，也会沾染

---

① 习近平：《坚定理想信念 补足精神之钙》，《求是》2021年第21期。

第十一章 坚定理想信念是终身课题

灰尘的,也应该打扫和洗涤"①。每个人的思想都会受到这样那样"灰尘"的污染和侵蚀,党员干部也不例外,要经常打扫思想上的灰尘,不要被"污染物"蒙蔽了初心。

(一)要用党员标准要求自己

打扫思想上的灰尘,是对思想和灵魂的剖析,是对缺点和错误的改正。习近平总书记强调,每个同志都有改造自己、提高自己的职责,打扫思想灰尘、祛除不良习气、纠正错误言行永无止境,永远都是进行时。

打扫思想上的灰尘,就是经常用党员的标准和要求对自己进行评估和判断,符合的就坚持和发扬,不符合的就及时予以改正,是保持共产党人政治本色,是永葆先进性、纯洁性的根本要求。习近平总书记多次强调,党员干部要修身立德,要照镜子,正衣冠,做到"吾日三省吾身",经常反躬自省、自我批评。党员、干部要敢照镜子、勤照镜子,以党章为镜,对照党的纪律、群众期盼、先进典型,改进作风要求,在宗旨意识、工作作风、廉洁自律上摆问题、找差距、

---

① 《毛泽东选集》第三卷,人民出版社1991年版,第1096页。

明方向，特别是对缺点和错误要多往深处、细处照，使之纤毫毕现，才能找出差距、修身正己；要养成勤正衣冠的习惯，勇于正视缺点和不足，严明党的纪律特别是政治纪律，敢于触及思想、正视矛盾和问题，从自己做起，从现在改起，端正行为，自觉把党性修养正一正、把党员义务理一理、把党纪国法紧一紧，收到防微杜渐之效，有效避免"积羽沉舟，群轻折轴"，保持共产党人良好形象。

（二）要以党章党规党纪规范言行

我们党是靠革命理想和铁的纪律组织起来的马克思主义政党，组织严密、纪律严明是党的优良传统和政治优势，是我们党的力量所在。理想是道德自律，纪律是刚性约束，把理想和纪律两个方面结合起来，才能产生强大力量。邓小平同志说："有了理想，还要有纪律才能实现。纪律和自由是对立统一的关系，两者是不可分的，缺一不可。我们这么大一个国家，怎样才能团结起来、组织起来呢？一靠理想，二靠纪律。组织起来就有力量。……所以，有理想，有纪律，这两件事我们务必时刻牢记在心。一定要让我们的人民，包括我们的孩子们知道，我们是坚持社会主义和共产主义的，我们采取的各方面的政策，都是为了发展社

第十一章　坚定理想信念是终身课题

会主义，为了将来实现共产主义。"① 党的十八大以来，以习近平同志为核心的党中央坚持党要管党、全面从严治党，坚持思想建党和制度治党同向发力，形成比较完善的党内法规体系，管党治党宽松软状况得到根本扭转，党找到了自我革命这一跳出治乱兴衰历史周期率的第二个答案。

要牢固树立党章意识，真正把党章作为加强党性修养的根本标准，作为指导党的工作、党内活动、党的建设的根本依据，严格按照党章规定的党员领导干部必须具备的六项基本条件，提高自身素质和能力，经常检查和弥补自身不足。带头执行党的政治纪律，自觉维护中央权威，厉行工作规程，做到令行禁止，保证中央政令畅通。严格执行党章关于党内政治生活的各项规定，敢于坚持原则，勇于开展批评和自我批评，带头弘扬正气、抵制歪风邪气。

要强化党的意识和组织意识。要正确对待组织，对党组织忠诚老实。要把相信组织、服从组织视为生命，始终把党放在心中最高位置，任何时候都与党同心同德。要时刻想到自己是党的人，是组织的一员，时刻不忘自己应尽的义务和责任，相信组织、依靠组

---

① 《邓小平文选》第三卷，人民出版社1993年版，第111—112页。

织、服从组织，自觉接受组织安排和纪律约束，自觉维护党的团结统一。

要增强党内生活的政治性、原则性、战斗性。严肃党内政治生活是每个党员、干部的事，要增强角色意识和政治担当，在党言党、在党忧党、在党为党，把爱党、忧党、兴党、护党落实到工作生活各个环节，敢于同形形色色违反党内政治生活原则和制度的现象作斗争，不该讲的话不讲、不该做的事不做，该履行的职责必须履行，该承担的责任必须承担，该报告的必须报告。

（三）要经常开展批评和自我批评

习近平总书记在部署党的群众路线教育实践活动时指出："洗洗澡，主要是以整风的精神开展批评和自我批评，深入分析发生问题的原因，清洗思想和行为上的灰尘，既要解决实际问题，更要解决思想问题，保持共产党人政治本色。"① 批评和自我批评，是我们党强身治病、保持肌体健康的锐利武器，也是我们党的优良传统和政治优势。党章将开展批评和自我批评作为党员的义务，作为党的基层组织的基本任务，凸

---

① 《习近平谈治国理政》，外文出版社2014年版，第376页。

第十一章　坚定理想信念是终身课题

显了开展批评和自我批评的重要性。

开展批评和自我批评，是清洗思想灰尘的有效方式。"人每天都在接触灰尘，所以要经常洗澡，打点肥皂，用丝瓜瓤搓一搓，用水冲一冲，洗干净了，就神清气爽了。同样，我们的思想和行为也会沾上灰尘，也会受到政治微生物的侵袭，因此也需要'洗澡'，既去灰去泥、放松身心，又舒张毛孔、促进新陈代谢，做到干干净净做事、清清白白做人。"[①] 要坚持党的事业至上、人民利益至上，以坚持真理、直面自身问题的勇气，打消自我批评怕丢面子的思想顾虑，始终保持一心为公的情怀，勇于剖析自己，勇于正视自己的不足；要有抛开面子、揭短亮丑的勇气，有动真碰硬、敢于交锋的精神，有深挖根源、触动灵魂的态度，讲真话、讲实话、讲心里话，一是一、二是二，不放大不缩小，不无限上纲，不扣帽子、不打棍子、不抓辫子，一般问题不能说成严重问题，偶然错误不能说成一贯错误；要重在日常、贵在有恒，培养知无不言、言无不尽、言者无罪、闻者足戒的同志关系，培育严管就是厚爱的氛围，营造与人为善、团结同志，同时又敢于批评、帮助同志的局面，真正达到帮助同志、

---

① 《习近平谈治国理政》，外文出版社2014年版，第376页。

增进团结、促进工作的效果。

（四）要在小事小节上律己修身

习近平总书记强调，"小事小节是一面镜子，小事小节中有党性、有原则、有人格。要牢记'堤溃蚁孔，气泄针芒'的古训，坚持从小事小节上加强修养，从一点一滴中完善自己，严以修身，正心明道，防微杜渐，时刻保持人民公仆本色"①。小事小节不仅关乎个人品德操守，小事小节放任自流，是对党性原则的淡化和轻视。一些党员干部犯错误，大多是从思想上的小毛小病、经济上的小贪小占、生活上的小事小节开始的。小事小节失守，久而久之就会由量变引发质变。小事小节上较劲较真，是对名节操守的珍惜，体现的是坚定的党性原则。

常掸心灵灰尘，常清思想垃圾，最紧要的是从小事小节上守起，从一言一行、一点一滴严起。要强化自我约束、自我控制的意识和能力，以"不矜细行，终累大德"来自励，以"莫见乎隐，莫显乎微"来自警，以"见善则迁，有过则改"来自省，警惕和防范"小错不算错""小节无害论"的错误观念，慎独慎初

---

① 《习近平李克强栗战书赵乐际分别参加全国人大会议一些代表团审议》，《人民日报》2018年3月11日。

慎微慎欲，私底下、无人时、细微处，始终做到不放纵、不越轨、不逾矩，严以修身，正心明道，防微杜渐，在小事小节上守住廉洁阵脚、压实法纪底线，筑牢廉政"防火墙"。要以淡泊之心对待名利、以谨慎之心对待权力、以警惕之心对待诱惑，任何情况下都稳得住心神、管得住言行、守得住清白，在复杂诱惑面前经得起考验，在利益面前经得起"围猎"。要加强道德修养，保持高尚道德情操，珍惜名节，珍重形象，自觉做到明大德、守公德、严私德，自觉净化社交圈、工作圈、生活圈，过好权力关、金钱关、美色关，展现良好的精神风貌，彰显共产党人的人格力量。

四、用信仰之力开创美好未来

百年大党风华正茂，百年信仰历久弥坚。在我们党100多年的历史中，一代又一代共产党人为了追求民族独立和人民解放，不惜流血牺牲，靠的就是一种信仰，为的就是一个理想。为了民族独立和人民解放，信仰火炬点亮革命曙光；面对改革发展的任务，远大理想指引奋斗方向；面临突如其来的风险挑战，理想信念凝聚化危为机的力量。正因为千千万万党员始终坚定执着远大理想和革命信念，我们党才能历经挫折而不断奋起、历尽苦难而淬火成钢。走过百年辉煌历程，中国共产党正团结带领中国人民自信昂扬向第二个百年奋斗目标阔步前进，以赶考之志奋进新征程。要深刻感悟百年来党的理想信念穿越时空的强大力量，进一步增强斗志、坚定信心，不论时代如何变化，不论条件如何变化，都始终坚定马克思主义、共产主义信仰的重要性，自觉做共产主义远大理想和中国特色社会主义共同理想的坚定信仰者、忠实实践者，风雨如磐不动摇，在全面建设社会主义现代化国家新征程上披荆斩棘、奋力前行，不断把为崇高理想奋斗的伟大实践推向前进，走好实现第二个百年奋斗目标新的赶考之路。

（一）用信仰之力淬炼奋斗决心

回望党的百年奋斗历程，我们党团结带领中国人民取得了新民主主义革命、社会主义革命和建设、改革开放和社会主义现代化建设的伟大胜利，开创了中国特色社会主义新时代。对百年奋斗历史最好的致敬，是书写新的奋斗历史。要深刻认识"两个确立"是推动党和国家事业取得历史性成就、发生历史性变革的决定性因素，是战胜一切艰难险阻、应对一切不确定性的最大确定性、最大底气、最大保证，深刻领悟

第十一章　坚定理想信念是终身课题

"两个确立"的决定性意义，深刻领会在新征程上必须坚持新时代党的创新理论和战略布局、战略举措不动摇，坚定战略自信，保持战略清醒，增强信心斗志，以思想的力量激扬奋进的力量，以理论的主动把握历史的主动，务必不忘初心、牢记使命，务必谦虚谨慎、艰苦奋斗，务必敢于斗争、善于斗争，坚定历史自信，求真务实、真抓实干，以"咬定青山不放松"的执着奋力实现既定目标，以"行百里者半九十"的清醒不懈推进中华民族伟大复兴。

（二）用信仰之力明确前进方向

习近平总书记指出，理想信念决定着我们的方向和立场，也决定着我们的言论和行动。理想信念能为人的生存发展确立坚定的价值导向，是统率人的行为的精神皈依。有了理想，就有了明确的奋斗目标和前进方向，就会用理想去规划指引自己的生活，把自己的一切行为都纳入实现理想的轨道，进而使生活充满希望。有了信念，就会为追求真理和实现目标而勇往直前，乃至牺牲自我。党的二十大报告鲜明提出新时代新征程中国共产党的使命任务，对中国式现代化作出全面阐释，明确了中国式现代化的中国特色、本质要求和必须牢牢把握的重大原则，对全面建成社会主义现代化强国两步走战略安排进行了宏观展望。要把思想和行动统一到党的二十大精神上来，统一到党中央重大决策部署上来，坚定理想信念、坚守精神家园，让听党话、跟党走成为自觉追求，继续书写中国式现代化的光辉篇章。

（三）用信仰之力激发担当境界

习近平总书记强调："理想信念不是拿来说、拿来唱的，更不是用来装点门面的，只有见诸行动才有说服力。"[①] 惟其艰巨，所以伟大；惟其艰巨，更显荣光。社会主义是干出来的，新时代是奋斗出来的。基本实现现代化要靠实干，全面建成社会主义现代化强国要靠实干，实现中华民族伟大复兴要靠实干，只有真抓才能攻坚克难，只有实干才能梦想成真。要锚定既定奋斗目标，发扬"敢教日月换新天"的奋斗精神，保持对理想信念的激情和执着，在机遇面前主动出击，在困难面前迎难而上，在风险面前积极应对，事不避难、义不逃责，敢于担当、善于作为，由要我干到我要干、主动干、必须干，在勇于担当作为中践行理想信念，时时、处处、事事实践崇高的理想信念。要牢

---

① 习近平：《坚定理想信念　补足精神之钙》，《求是》2021年第21期。

固树立正确的世界观、权力观、事业观,矢志不移贯彻执行党的基本路线、基本纲领和基本方略,力戒形式主义、官僚主义,推动党的路线方针政策落地生根,用自己的实际行动坚持和发展中国特色社会主义。要坚持以人民为中心,站稳人民立场、厚植人民情怀,切实把初心使命变成锐意进取、开拓创新的精气神和埋头苦干、真抓实干的自觉行动,推动解决人民群众反映强烈的突出问题,努力创造经得起实践、人民、历史检验的实绩。

(四)用信仰之力守住红色地带

习近平总书记指出:"思想舆论领域大致有红色、黑色、灰色'三个地带'。红色地带是我们的主阵地,一定要守住;黑色地带主要是负面的东西,要敢于亮剑,大大压缩其地盘;灰色地带要大张旗鼓争取,使其转化为红色地带。"[1] 意识形态工作是为国家立心、为民族立魂的工作。意识形态关乎旗帜、关乎道路、关乎国家政治安全。意识形态领域斗争不以人的意志为转移,只要国内不是清一色,只要国际上仍有敌对势力,意识形态领域的斗争就不会停止。要坚持马克

---

[1] 习近平:《在全国党校工作会议上的讲话》,《求是》2016年第9期。

思主义在意识形态领域指导地位的根本制度，旗帜鲜明坚持真理，立场坚定批驳谬误，涉及大是大非和政治原则问题毫不含糊、寸步不让，确保关键时刻不失语、不失声、不失察。要善于从政治角度发现、分析、解决问题，努力培养和锻炼"草摇叶响知鹿过""松风一起知虎来""一叶易色而知天下秋"的见微知著能力，在原则问题上寸步不让，在策略问题上灵活机动，"斗"到点子上、"争"在关键处，牢牢掌握意识形态斗争主动权。要培养和保持顽强的斗争精神、坚韧的斗争意志、高超的斗争本领，把准思想行动的"指南针"，做好时、度、效的大学问，不断增强政治认同、思想认同、理论认同、情感认同，巩固团结奋斗的共同思想基础，在弘扬主旋律、凝聚正能量中做大做强主流思想舆论。

后　记

　　理想信念是立党兴党之基，是党员干部安身立命之本。党的十八大以来，习近平总书记着眼补足共产党人的精神之钙、坚守共产党人的精神追求，围绕坚定理想信念作出一系列重要论述、重大部署，号召广大党员干部牢记党的宗旨，解决好世界观、人生观、价值观这个总开关问题，自觉做共产主义远大理想和中国特色社会主义共同理想的坚定信仰者和忠实实践者。

　　作为党的思想理论阵地，我们始终致力于将习近平总书记关于坚定理想信念的重要论述讲全、讲准、讲深、讲透，组织哲学、政治学、党史、党建等领域的专家教授组成研究团队，进行跨学科、系统性、学理化的研究，持续跟踪理论社科领域最新研究成果，专题研讨重大理论和现实问题，深入探究坚定理想信念的科学内涵、理论依据、内在逻辑、历史经验和实践要求，在不断深化理论认知和学术思考的基础上，形成一系列教学和研究成果。

　　本书撰写过程中，得到课题组研究人员王建军、田辉、刘丽瑛、周瑞玲、丰存斌、赵晋泰等教授的大力支持和帮助，他们在资料收集、提纲编写、统稿修改等环节付出了大量辛勤努力，并帮助完成了部分章节的初稿。本书的形成是集体努力的结果，体现了团队的共识。在此，向他们表示衷心的感谢。

由于水平有限，本书难免存在不足之处，敬请专家学者和广大读者批评指正。

宋惠民

2023年1月

图书在版编目(CIP)数据

理想信念/宋惠民著. —北京：商务印书馆，2023
（道理学理哲理·党的创新理论研究阐释丛书/董振华主编）
ISBN 978-7-100-22289-1

Ⅰ.①理… Ⅱ.①宋… Ⅲ.①中国共产党—党员—思想政治教育—研究 Ⅳ.①D261.42

中国国家版本馆CIP数据核字（2023）第062115号

权利保留，侵权必究。

道理学理哲理·党的创新理论研究阐释丛书
理想信念
宋惠民　著

商务印书馆出版
（北京王府井大街36号　邮政编码100710）
商务印书馆发行
北京通州皇家印刷厂印刷
ISBN 978-7-100-22289-1

2023年4月第1版　　开本 850×1168　1/32
2023年4月北京第1次印刷　印张 8 5/8

定价：49.00元